会社の"本気"を後押しする

過重労働
防止の
実務対応

清文社

はじめに

　平成29年3月28日、政府は、働き方改革実現会議がとりまとめた「働き方改革実行計画」を公表しました。同会議で安倍首相は、「日本の働き方を変える歴史的な一歩。2017年は出発点と記憶される」と発言しました。今後、日本は政府主導のもとで、これまでの日本の企業文化、日本人のライフスタイル、日本人の働くということに対する"考え方そのもの"に手を付けていく改革が急ピッチで進められることになります。なかでも、労働界と産業界の合意のもと、「罰則付きの時間外労働の上限規制」が、労働基準法の改正として打ち出されていることが、注目されます。

　しかし、国が改革を進める最中でも、長時間労働による"過労死・過労自殺"事件、"残業代の不払い"事件が、度々マスコミを賑わしています。また、平成29年5月から、厚生労働省ホームページに、労働基準関係法令に違反した企業の社名公表が始まるなど、いわゆる"ブラック企業"として衆目にさらされる中、待ったなしの経営改革が求められています。

　その一方で、今現在においても労働基準監督署の調査が入ると約7割の企業に法令違反があるのが実態で、実際に問題が顕在化していない企業であっても、「うちの会社は大丈夫か？」と戦々恐々としている経営者や人事部長も多いのではないでしょうか？

　他社の不祥事を、"他山の石"として、長時間労働削減の取組みをスタートした企業も少なくありません。しかし、残念なことに、一目で分かるような大きな成果が出ている企業がそれほど多くないのが実情です。それはいったいなぜでしょうか？

厳しい言い方になりますが、一言でいうと、「会社が"本気で"改革に取り組んでいない」からといわざるを得ません。長年染み付いた長時間労働体質から抜け出すには、「経営トップの"本気"」「管理職の"本気"」「社員の"本気"」が、一体となって初めて「会社の"本気"」になります。それにもかかわらず現実は、経営者、管理職、社員が「出来ない理由」ばかりを言い出し、お互いに責任を押し付けあっているような状況なのではないでしょうか。

　改革を実現するために、やるべきことは一つや二つでは足りません。「組織風土を変える施策」や「仕事の仕方そのものを変える施策」を、何十も積み上げることで初めて実現されるものだと認識したほうが良いでしょう。改革に取り組むにあたって、外部のコンサルティングを受けることが必要な場合もありますが、長時間労働削減という課題を解決するには、助言を求めるべき専門家・コンサルタント領域も多岐に渡り、限られた分野の専門家に頼っていては実現できません。結局、中心となるのは、企業のメンバーでなくてはならないことになります。

　私たちは、今回の執筆にあたり、「社会保険労務士」「人事コンサルタント」としての領域でのノウハウを紹介するだけでなく、顧問先企業が実際に取り組んで効果のあった施策や、労働時間削減の定番の施策をなるべく多くご紹介することといたしました。

　本書は、労働時間削減、働き方改革に悩んでいる企業の方が、一刻も早く改革のスタートを切れるように、具体的な手順や、打つべき施策の選択肢を整理しました。多くの企業が、「働き方改革」に向けたシナリオづくりのために、参考にしていただければ幸いです。

平成29年12月

TOMA 社会保険労務士法人

代表社員　麻生　武信

目次

第1章　今、なぜ長時間労働対策が求められているか？

第1節　長時間労働をめぐるトラブルの現状 ──────── 2

　1　労働基準監督署による指導の実態　2

　2　高額化する「不払い残業代支払命令」　5

　3　賃金不払いに関する「労働審判」や「民事訴訟」も増加　7

　4　長時間労働による労働災害　8

第2節　求められる企業の決断 ──────── 20

　1　「働き方改革」が求められる背景　20

　2　「働き方改革実行計画」発表（平成29年3月28日）　25

　3　一刻も早く改革をスタートしよう　28

第2章　長時間労働削減は、組織風土の改革から

第1節　なぜ長時間労働が発生するのか？ ──────── 32

第2節　なぜ長時間労働がなくならないのか？ ──────── 39

　1　よくある失敗のパターン　39

　2　経営者層の問題　39

　3　管理職の問題　41

　4　社員の問題　43

第3節　組織・風土を改革する ──────── 45

　1　経営トップによる働き方改革宣言が重要　45

　2　人事制度を変える　48

第3章　労働時間管理の仕組みを変える

第1節　労働時間管理見直しの意義 ──────── 60

第2節　年間労働時間・日数を適正化する ———————————— 62

　　1　所定労働時間の点検と見直し　62

　　2　休日の見直しを行う　64

第3節　業務の実態にあった労働時間管理制度を導入する ——————— 67

　　1　労働実態を把握することからはじめよう　67

　　2　勤務シフトを見直す　69

　　3　変形労働時間制を活用する　72

　　4　フレックスタイム制を活用する　77

　　5　裁量労働制を活用する　79

　　6　事業場外労働のみなし労働時間制を合法的に活用する　84

　　7　管理監督者の範囲を適正化する　88

第4節　労働時間管理を徹底する（デットラインアプローチ） —————— 90

　　1　最終退社時間を決める、一斉消灯時間の設定　91

　　2　ノー残業デーを設定する　92

　　3　時間外労働・休日労働を事前申請制にする　94

第4章　仕事のムリ・ムダ・ムラをなくす

第1節　ムダな仕事を削る —————————————————————— 101

　　1　会議の効率化　101

　　2　決裁の迅速化　103

　　3　メールの効率化　105

　　4　電話の効率化　107

　　5　資料の削減　109

第2節　ムリな仕事をさせない視点（生産性向上） ——————————— 112

　　1　業務の標準化　112

　　2　朝型勤務へのシフト　114

　　3　テレワークの推進　116

　　4　サービスの見直し・顧客への理解を求める　119

目次

| 5 | 業務のアウトソーシング | 121 |
| 6 | 社員の能力向上支援 | 123 |

第3節　ムラを平準化する —————————————— 124

1	権限委譲と管理職の意識改革	124
2	業務分担・配分の見直し	126
3	多能工化の推進	128

第5章　働き方改革の実践手順

第1節　企業の現状と課題を抽出する ——————————— 134

| 1 | 労働時間の実態把握をする | 134 |
| 2 | 所定外労働の発生要因を分析する | 136 |

第2節　改革の目標を設定する ———————————————— 139

第3節　改革推進体制を整備する ———————————————— 141

| 1 | 改革プロジェクトを編成する | 141 |
| 2 | 外部コンサルタントを活用 | 142 |

第4節　実行計画（アクションプラン）を作る ——————— 144

| 1 | 実行計画のコンテンツ | 144 |
| 2 | 実行計画の効果 | 145 |

第5節　計画の進捗を管理する ———————————————— 147

第6章　労働基準監督署の調査対策を講じる

第1節　労働基準監督署が法令違反としてチェックすること ——— 150

第2節　36協定違反を回避する ——————————————— 153

1	特別条項付の36協定を締結する	153
2	限度基準時間を上回る限度時間で36協定を締結する	158
3	労働時間を協定時間に収まるように管理する	162

第3節　不払い残業代対策 ———————————————— 166

1	労働時間数を正しく管理する	166
2	割増賃金を正しく計算する	168
3	管理監督者の対応を適正に行う	170
4	定額残業制度で人件費の上昇を防ぐ	172
5	不払い残業に対する労働基準監督署のスタンス	175

第4節　もし労働基準監督署の調査が入ったら ——————— 179

1	労働基準監督官の権限	179
2	労働基準監督署の調査とは	180
3	臨検監督への対応フロー	181
4	労働時間に関する指摘事項への対応の仕方	191
5	労基署対応の注意点"絶対やってはいけないこと"	197

第7章　改革実現までの健康管理対策

第1節　健康管理面から見た労働時間管理とは ——————— 200

1	健康管理対策の重要性	200
2	総労働時間数・残業時間数の把握（実数の把握）	201
3	休日出勤時間・回数・休日日数の確認	202
4	連続出勤日数	204
5	過去6ヶ月程度の残業時間数の把握	205
6	深夜労働などの不規則な勤務時間数・回数の把握	206
7	休息時間の把握	207
8	出張等の事業場外労働の回数の把握（移動の負担）	208
9	社員の属性（年齢・性格・能力）の把握	210

第2節　健康管理対策の進め方 ——————————————— 212

目 次

1	安全衛生管理体制の整備	212
2	定期健康診断の実施	216
3	医師による面接指導の実施	219
4	ストレスチェック制度の有効活用	222
5	休憩・休息の確保	225
6	その他の健康管理対策	231

参考 働き方改革に関する公的支援制度

第1節 公的認定制度および助成金制度 ————————— 234

1	過重労働撲滅に向けた公的支援による社会構造の改善	234
2	安全衛生優良企業認定制度	236
3	ユースエール認定（若者雇用促進法に基づく認定）制度	238
4	若者応援宣言事業	240
5	えるぼし認定（女性活躍推進法に基づく認定）制度（えるぼし認定制度）	
		241
6	くるみん・プラチナくるみん認定（次世代育成支援対策推進法に基づく認定）制度	242
7	健康経営優良法人認定制度	244
8	健康経営銘柄	245
9	助成金制度	246

（注）本書の内容は、平成29年12月1日現在の法令等によっています

第 *1* 章

今、なぜ長時間労働対策が求められているか?

長時間労働をめぐるトラブルの現状

 労働基準監督署による指導の実態

　最近は、「長時間労働による過労死」や、「残業代の不払い」について、頻繁にマスコミに取り上げられる中、労働者の権利意識はかつてないほど高くなってきています。以前は、多少企業側に問題があっても、泣き寝入りする労働者も多かったのが現実であったと思いますが、今ではインターネットを使って簡単に、労働者としての自らの権利について調べ、これを堂々と企業に主張するようになりました。また何か疑問があれば、労働基準監督署等に設けられた総合労働相談コーナー、弁護士の無料相談会、合同労組（ユニオン）などに相談を持ち込むケースも増加しています。

　労働基準監督署は、平成26年度から、平日夜間や休日でも、誰でも労働条件に関して無料で相談できる電話相談窓口「労働条件相談ほっとライン」を開設するなど、相談体制を充実させています。また、平成27年からは、労働基準監督署が、民間の委託機関を使って、インターネット上の求人情報の監視等を通じて、問題のある事業場の情報収集を行うようになりました。

図表1－1　労働基準監督署への情報の流れ

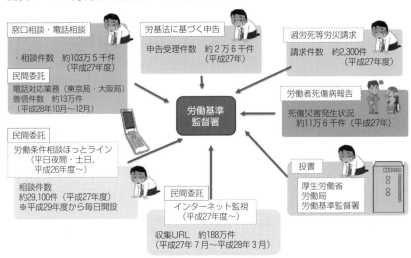

出所：厚生労働省労働基準局「労働基準監督行政について」

　こうして収集した情報を踏まえ、全国の労働基準監督署が各事業場に「監督」（＝調査）に入った件数は、平成27年で、「定期監督」「申告監督」合わせて約16万事業場と公表されています。

「定期監督」
　各労働基準監督署が、管内事情に即して対象事業場を選定し、年間計画にもとづき実施する調査
「申告監督」
　労働基準監督署が、労働者からの申告を受けて実施する調査

　監督が実施された事業場では、「定期監督」「申告監督」ともに、約7割に法違反がありました。違反の内容としては、定期監督では、1位が「労働時間」で約3割、2位が「割増賃金」で約2割と、長時間労働に起因するものが上位を占めている状況です。

第1章　今、なぜ長時間労働対策が求められているか？

図表1－2　労働基準監督署の定期監督の実施状況

定期監督等実施状況・法違反状況（平成25年～27年）

	定期監督等実施事業場数	違反事業場数	違反率（%）	法違反状況		
				労働条件の明示（労基法第15条）	労働時間（労基法第32条・40条）	割増賃金（労基法第37条）
平成25年	140,499	95,550	68.0%	17,247	30,543	21,847
平成26年	129,881	90,151	69.4%	15,180	27,433	19,923
平成27年	133,116	92,034	69.1%	15,545	27,581	19,400

（注）　1　「違反事業場数」欄は、何らかの労働基準関係法令の違反が認められた事業場数である。
　　　　2　「違反状況」欄は、当該事項について違反が認められた事業場数である。
　　　（労基法＝労働基準法）
出所：厚生労働省労働基準局「労働基準監督行政について」

図表1－3　労働基準監督署の申告監督の処理状況

申告処理状況（平成25年～27年）

	当年受理件数	申告監督実施事業場数	違反事業場数	違反率	主要申告事項	
					賃金不払	解雇
平成25年	29,318	23,408	17,323	74.0%	25,118	4,691
平成26年	27,089	22,430	16,321	72.8%	23,022	4,239
平成27年	26,280	22,312	15,782	70.7%	22,362	4,017

（注）　1　「違反事業場数」欄は、申告事項に係る違反が認められた事業場数である。
　　　　2　「主要申告事項」欄は、重複がありうる。
出所：厚生労働省労働基準局「労働基準監督行政について」

　労働基準監督署の監督で違反が発覚した場合、ほとんどが「是正勧告」という行政指導がされ、これに対して「是正報告」を出して終了となりますが、重大・悪質な事案と判断された場合は、検察庁に送検されることとなります。毎年、約1,000事業場が、書類送検されており、その事案の約1割が、「労働時間」「割増賃金」など長時間労働に起因するものとなっている状況です。

4

図表1－4　労働基準監督署による送検事件数
送検事件状況（平成25年～27年）

	送検件数合計	労働基準法等違反件数		
		賃金の支払 (第24条・最賃法第4条)	労働時間 (第32条)	割増賃金 (第37条)
平成25年	1,043	482	312	53	44
平成26年	1,036	408	255	39	33
平成27年	966	416	214	79	34

出所：厚生労働省労働基準局「労働基準監督行政について」

2　高額化する「不払い残業代支払命令」

　労働基準監督署の臨検監督が入った場合、法違反が指摘され是正が求められるだけでなく、「不払い残業」となっている割増賃金を過去に遡って支払うことを求められることになります。賃金債権の時効は2年ですので、「不払い残業代」は、最大で過去2年間遡及して支払うことを命じられる可能性があります。しかし、実際の労働基準監督署の定期監督では、タイムカードや賃金台帳について、直近の3～6ヶ月分程度をチェックすることが通例で、不払いが発覚すると、このチェックした期間についての遡及支払いを求められることが大半です。ただし、悪質な事業場に対しては2年間の遡及が求められることもあります。

　一方、労働者による申告があった際に行われる「申告監督」の場合、労働者は、一般的に2年間丸々の遡及支払いを求めますので、労働基準監督署も違反を確認すれば2年分の支払いを命じることになります。

　厚生労働省の公表によると、平成27年に、100万円以上の是正支払い額がされた企業数は1,348企業、支払われた金額は99億円を超える状況になっています。1企業における支払い額も、最高で1億3,739万円に

第1章　今、なぜ長時間労働対策が求められているか？

のぼるなど、高額な支払いが求められる案件が増加しています。

是正企業数	1,348企業
支払われた割増賃金合計額	99億9,423万円
対象労働者数	9万2,712人
労働者1人当たり	11万円
1企業での最高支払額	1億3,739万円

図表1－5　100万円以上の割増賃金の是正支払状況

業　種	企業数	対象労働者数（人）	是正支払額（万円）
製造業	332	25,834	237,042
鉱業	0	0	0
建設業	112	4,251	67,400
運輸交通業	77	3,793	37,612
貨物取扱業	8	163	3,240
農林業	3	41	542
畜産・水産業	0	0	0
商業	267	11,603	118,107
金融・広告業	54	11,636	127,490
映画・演劇業	7	178	3,111
通信業	7	900	1,544
教育・研究業	58	2,958	57,246
保健衛生業	142	18,839	200,210
接客娯楽業	110	2,562	51,718
清掃・と畜業	22	517	6,609
官公署	3	14	1,879
その他の事業	146	9,423	85,673
計	1,348	92,712	999,423
		1企業平均額	741
		1労働者平均額	11

（注）対象事案は、平成27年4月から平成28年3月までの間に、定期監督及び申告
　　　に基づく監督等を実施し、割増賃金の不払に係る指導を行った結果、1企業
　　　で合計100万円以上の割増賃金の是正支払がなされたもの
出所：厚生労働省「監督指導による賃金不払残業の是正結果（平成27年度）」

第1節　長時間労働をめぐるトラブルの現状

 賃金不払いに関する「労働審判」や「民事訴訟」も増加

　労働基準監督署・労働局等の行政機関を通じた紛争以外にも、「労働審判」「民事訴訟」等の、司法制度による紛争解決も増加の傾向が見られます。

　「労働審判」とは、労働者と事業主との間で起きた労働問題を、迅速かつ適正な解決を図ることを目的とする制度です。通常の裁判が、1年以上の期間がかかるのに対して、2～3ヶ月で審理が完結できるなど迅速に解決できるため、平成18年4月導入以来、年々、利用件数が増加しています。

　平成27年における、労働審判の新受件数は、3,679件、労働関係民事訴訟の新受件数は、3,389件と、いずれも8年連続で年間3,000件を突破しており、その申し立て内容は、不払い残業代をはじめとした賃金に関する申し立ての比率が高いのが現状です。

図表1－6　労働関係民事通常訴訟事件と労働審判事件の推移

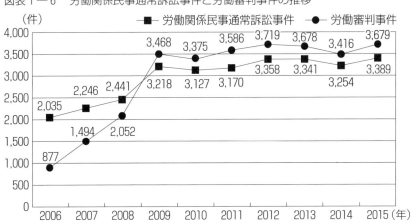

出所：最高裁判所事務総局行政局「労働関係民事・行政事件の概況」

次に「民事訴訟」ですが、労働審判と異なり、期日の回数制限がないことや、第一審判決に不服があれば控訴となり解決までに時間を要するなど比較的ハードルが高い制度であるにもかかわらず、近年は増加傾向にあります。

この増加要因の一つには、裁判における「付加金」の請求が上げられます。「付加金」は、裁判所に不払い残業代の請求をするときに、不払い額と同額を請求できるというもので、裁判で不払い残業代を請求する場合は、結果として請求額が2倍になるということになります。

> **労働基準法第114条**（付加金の支払い）
> 　裁判所は、第20条、第26条若しくは第37条の規定に違反した使用者又は第39条第7項の規定による賃金を支払わなかつた使用者に対して、労働者の請求により、これらの規定により使用者が支払わなければならない金額についての未払金のほか、これと同一額の付加金の支払を命ずることができる。ただし、この請求は、違反のあつた時から二年以内にしなければならない。

4　長時間労働による労働災害

1　長時間労働による労災

労働者に長時間労働をさせることのリスクは、賃金不払い問題だけではありません。労働契約法第5条では、「使用者は、労働契約に伴い、労働者がその生命、身体等の安全を確保しつつ労働することができるよう、必要な配慮をするものとする」と規定し、企業の労働者に対する「安全配慮義務」を義務付けています。

会社が従業員に対して、危険な環境での労働、劣悪な環境での労働を

させ、労働者が心身の健康を害することとなった場合、会社は当該労働者に対して「安全配慮義務」を怠ったとして、労働契約法違反となることはもとより、民法上の損害賠償責任も負うこととなるおそれがあります。

特に、慢性的な長時間労働（過重労働）については、「過労死」「精神疾患」との因果関係が、厚生労働省の「労災認定基準」により明らかにされたことで、労災認定件数も増加傾向にあります。

一旦労災認定がされた場合、労災保険より、死亡、障害、療養、休業に関する年金や一時金が労働者に支給されることになりますが、問題はそれだけにとどまらず、上記で述べた安全配慮義務違反による民事上の損害賠償請求を企業が受けることになります。こうした損害賠償が争われる際には、「労災認定」という一つの国の"お墨付き"があれば、法廷においても企業が不利な状況になることは間違いありません。

図表1—7　過労死の労災認定基準

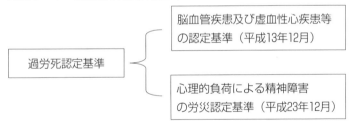

② 脳・心臓疾患と労災認定との関係

長時間労働は、仕事による負荷を大きくするだけでなく、睡眠・休養の機会を減少させ、疲労が蓄積する原因のひとつと考えられています。

こうした過重負荷が加わることによって、血管病変等がその自然経過を超えて著しく増悪し、脳・心臓疾患が発症する場合があることが、医学的に認められています。

第1章　今、なぜ長時間労働対策が求められているか？

図表1－8　過労死認定の対象となる疾病

脳血管疾患	虚血性心疾患等
１．脳内出血（脳出血）	１．心筋梗塞
２．くも膜下出血	２．狭心症
３．脳梗塞	３．心停止（心臓性突然死を含む。）
４．高血圧性脳症	４．解離性大動脈瘤

　厚生労働省は、「脳血管疾患及び虚血性心疾患の認定基準」において、脳、心臓疾患と労災認定との関係について、以下のような基準を示しています。

図表1－9　脳血管疾患及び虚血性疾患等の認定基準

時間外労働時間（１ヶ月当たり）	業務と発症との関連性
発症前１～６ヶ月間にわたり概ね45時間以内	関連性が弱い
発症前１～６ヶ月間にわたり概ね45時間を超える	関連性が徐々に強まる
100時間を超えるまたは、２～６ヶ月間にわたり概ね80時間を超える	関連性が強い

　つまり、時間外労働が、直近６ヶ月で平均45時間以内であれば過労死と認定される可能性は低いですが、平均45時間を超えるとその可能性が高まり、発症前２ヶ月間ないし６ヶ月間にわたって平均80時間や発症前１ヶ月間に100時間を超えていた場合は、高い確率で労災と認定されることになります。１ヶ月80時間という過労死認定ラインは、１日４時間の残業を20日すれば達することになりますし、休日出勤も重なればさらに容易に達してしまう水準といえるでしょう。実際に、これくらいの残業は日常茶飯事だという企業も多いのではないでしょうか。しかし、実

第1節　長時間労働をめぐるトラブルの現状

際の労災認定の現場では、下表のとおり、残業時間を大きな判断基準として認定されていることは明らかで、ここ3年間での認定件数は、高水準になっています。

図表1−10　脳・心臓疾患の時間外労働時間別（1ヶ月又は2〜6ヶ月における1ヶ月平均）支給決定件数

年度	平成27年度						平成28年度					
評価期間 / 区分	評価期間1ヶ月		評価期間2〜6ヶ月（1ヶ月平均）		合計		評価期間1ヶ月		評価期間2〜6ヶ月合計（1ヶ月平均）		合計	
		うち死亡		うち死亡		うち死亡		うち死亡		うち死亡		うち死亡
45時間未満	0 (0)	0 (0)	0 (0)	0 (0)	0 (0)	0 (0)	0 (0)	0 (0)	0 (0)	0 (0)	0 (0)	0 (0)
80時間未満	0 (0)	0 (0)	12 (0)	5 (0)	12 (0)	5 (0)	0 (0)	0 (0)	14 (1)	9 (1)	14 (1)	9 (1)
100時間未満	7 (0)	3 (0)	98 (5)	46 (1)	105 (5)	49 (1)	9 (0)	3 (0)	97 (5)	48 (1)	106 (5)	51 (1)
100時間以上	80 (3)	22 (0)	40 (2)	18 (0)	120 (5)	40 (0)	78 (2)	29 (1)	50 (4)	17 (0)	128 (3)	46 (1)

図表1−11　脳・心臓疾患の請求、決定および支給決定件数の推移

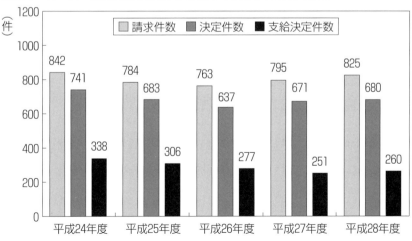

出所：厚生労働省「別添資料1　脳・心臓疾患の労災補償状況」

11

精神疾患と労災認定との関係

　次に、精神障害による過労死認定基準ですが、仕事によるストレスが関係した労災請求が増加したことを背景に、平成23年12月に、「心理的負荷による精神障害の認定基準」が定められました。

　長時間労働などの負荷が慢性的に発生すると、ストレス反応が強まり、その精神的疲労は、うつ病等の精神疾患を発症させる有力な要因と考えられています。

　精神障害は、外部からのストレスと、個人のストレス耐性との関係で発病に至るため、労災認定にあたっては、"業務による強い心理的負荷（＝ストレス）"があったと判断された場合に認定されることになります。

【精神障害の労災認定のための要件】

1．認定基準の対象となる精神障害を発病していること
2．認定基準の対象となる精神障害の発病前概ね6ヶ月の間に、業務による強い心理的負荷が認められること
3．業務以外の心理的負荷や個体側要因により発病したとは認められないこと

　この「業務による強い心理的負荷」の強さを評価する際に、長時間労働も評価の対象となります。精神疾患の発症直前1ヶ月間に概ね160時間以上、又は、直前3週間に概ね120時間以上の時間外労働が認められれば、その事実だけで労災認定される可能性があります。また、そこまでに至らなくても、1ヶ月間100時間以上の時間外労働があった場合、心理的負荷となる他の出来事（転勤、配置転換、2週間以上の連続勤務、セクハラ、パワハラ等）との総合的な評価により労災認定されうることが定められています。

　また、昨年、大手広告代理店の社員の過労自殺が労災認定され、大き

な話題となりましたが、業務による心理的負荷によって精神障害を発病した人が自殺を図った場合は、精神障害によって、正常な認識や行為選択能力、自殺行為を思いとどまる精神的な抑制力が著しく阻害されている状態に陥ったものと推定され、原則として労災認定されることが定められています。

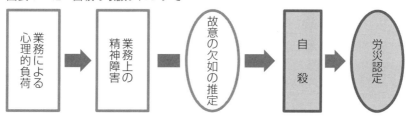

図表１−12　自殺の取扱いについて

このように「精神障害の労災認定基準」が定められたことにより、以前より迅速に労災認定が行われる状況となり、年々その決定件数が増加する傾向にあります。

図表１−13　精神障害の時間外労働時間別（１ヶ月平均）支給決定件数

評価期間	平成27年度	うち自殺	平成28年度	うち自殺
100時間未満	222（93）	36（3）	215（77）	37（0）
120時間未満	45（8）	18（1）	49（7）	12（1）
160時間未満	62（6）	19（0）	57（11）	13（0）
160時間以上	65（11）	18（0）	52（11）	19（1）

図表1—14　精神障害の請求、決定および支給決定件数の推移

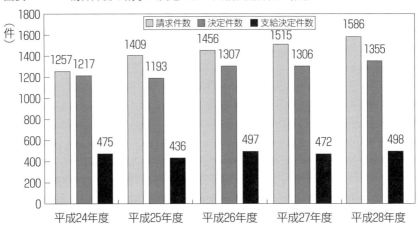

出所：厚生労働省「別添資料2　精神障害の労災補償状況」

 過労死防止に対する国の取組み

　国も年々増加する過労死・過労自殺を防止しようと、平成26年11月に、「過労死等防止対策推進法」を施行し、次の4点を定めて過労死の撲滅に向けて動き出しました。

---

① 過労死等の防止のための対策に関する大綱の制定
② 過労死等の防止のための対策
③ 過労死等防止対策推進協議会の設置
④ 過労死等に関する調査研究等を踏まえた法制上の措置

　平成26年9月には、国は厚生労働大臣を本部長とする「長時間労働削減推進本部」を設置し、また平成27年1月には、各都道府県労働局に、都道府県労働局長を本部長とする「働き方改革推進本部」を設置しました。

第1節　長時間労働をめぐるトラブルの現状

図表1−15　働き方改革の推進体制

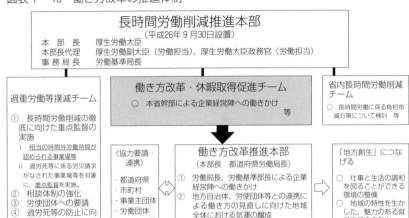

出所：厚生労働省第121回労働政策審議会労働条件分科会資料「資料No. 2 都道府県労働局　働き方改革推進本部の設置について」

　また、平成27年4月1日には、長時間労働削減推進本部長（厚生労働大臣）は、東京労働局と大阪労働局の2ヵ所に「過重労働撲滅特別対策班」、"通称"「かとく」を設置しました。

　この「かとく」には、特に優秀な労働基準監督官が、東京に7名、大阪に6名配置されました。違法な長時間労働を強いる企業の中には、パソコンに保存された労働時間のデータ改ざんをするなどの悪質なケースが多いことから、それに対応するための高度な捜査技術が必要となってくるため、専門機器を用いてデータの解析を行い、過重労働が認められる企業などに監督指導や検査を行っています。

　その結果、「かとく」発足後の平成27年度の東京労働局管内の送検総件数は63件、特に労働基準法（以下、労基法という）の労働時間、休日に関する規定違反は、前年度の約5倍にあたる19件となっています。平成28年度の送検総件数は50件、労働時間、休日に関する規定違反は7件、と減少したものの、これまでと比べ増加傾向であることがうかがえます。

第1章　今、なぜ長時間労働対策が求められているか？

図表1−16　過去10年間における司法事件処理状況の推移

	送検法令			主 な 送 検 事 項					強制捜査
	労働基準法等	労働安全衛生法	総件数	危険防止措置	労災かくし	賃金不払	割増賃金不払	労働時間・休日	
H19年度	37	38	75	27	5	16	3	3	2
H20年度	36	40	76	27	10	20	6	1	6
H21年度	29	26	55	18	6	15	4	2	10
H22年度	24	15	39	9	4	8	3	5	13
H23年度	25	29	54	20	6	12	3	1	9
H24年度	21	41	62	24	14	9	3	1	7
H25年度	34	24	58	15	5	9	4	5	12
H26年度	31	23	54	12	11	17	4	4	6
H27年度	41	22	63	14	4	7	6	19	11
H28年度	29	21	50	12	1	13	2	7	7

出所：東京労働局「平成28年度司法処理状況の概要について」

　「かとく」が初めて立件した事件は、全国展開の靴販売店であったことは記憶に新しいかと思います。その後も、ディスカウント大手、最近では広告大手が労働基準法違反で、異例のスピードで書類送検されています。

　こうした状況の中、平成28年12月26日、厚生労働省は、「過労死等ゼロ」緊急対策を発表しました。違法な長時間労働や過労死等が社会問題化する中で、厚生労働省が問題を是正するため、強力に取り組んでいく方針が示されました。

第1節　長時間労働をめぐるトラブルの現状

図表1－17　「過労死等ゼロ」緊急対策について（概要）

1　違法な長時間労働を許さない取組の強化

（1）　新ガイドラインによる労働時間の適正把握の徹底
　　企業向けに新たなガイドラインを定め、労働時間の適正把握を徹底する。
（2）　長時間労働等に係る企業本社に対する指導
　　違法な長時間労働等を複数の事業場で行うなどの企業に対して、全社的な是正指導を行う。
（3）　是正指導段階での企業名公表制度の強化
　　過労死等事案も要件に含めるとともに、一定要件を満たす事業場が2事業場生じた場合も公表の対象とするなど対象を拡大する。
（4）　36協定未締結事業場に対する監督指導の徹底

2　メンタルヘルス・パワハラ防止対策のための取組の強化

（1）　メンタルヘルス対策に係る企業本社に対する特別指導
　　複数の精神障害の労災認定があった場合には、企業本社に対して、パワハラ対策も含め個別指導を行う。
（2）　パワハラ防止に向けた周知啓発の徹底
　　メンタルヘルス対策に係る企業や事業場への個別指導等の際に、「パワハラ対策導入マニュアル」等を活用し、パワハラ対策の必要性、予防・解決のために必要な取組等も含め指導を行う。
（3）　ハイリスクな方を見逃さない取組の徹底
　　長時間労働者に関する情報等の産業医への提供を義務付ける。

3　社会全体で過労死等ゼロを目指す取組の強化

（1）　事業主団体に対する労働時間の適正把握等について緊急要請
（2）　労働者に対する相談窓口の充実
　　労働者から、夜間・休日に相談を受け付ける「労働条件相談ほっとライン」の開設日を増加し、毎日開設するなど相談窓口を充実させる。
（3）　労働基準法等の法令違反で公表した事案のホームページへの掲載

出所：厚生労働省「過労死等ゼロ」緊急対策（平成28年12月26日）

　「違法な長時間労働を許さない取組みの強化」の中で注目される点は、次の3つです。1つは、労働時間の適正把握の徹底を図るため、「労働時間の適正な把握のために使用者が講ずべき措置に関するガイドライン」を平成29年1月20日付で策定し、労働者の「実労働時間」と「自己

17

申告した労働時間」に乖離がある場合、使用者は実態調査を行うことや、また使用者の明示または黙示の指示により自己啓発等の学習や研修受講をしていた時間は労働時間として取り扱わなければならないこと等が明確化されたことです。

2つは、違法な長時間労働を組織的に是正させるため、違法な長時間労働が複数の事業場であった場合、従来の事業場単位の指導に加え、本社幹部に対する指導・立ち入り調査も行うことが盛り込まれました。

3つは、是正指導段階で企業名公表する制度の対象を、違法な長時間労働の要件を現行の月100時間超から月80時間超とし、また過労死等・過労自殺等で労災の給付が支給決定した場合も公表の対象としたことです。

また、厚生労働省は、過労死等の防止のための対策として、毎年11月を「過労死等防止啓発月間」とし、同月間において長時間労働の削減等過重労働解消に向けた集中的な周知・啓発等の取組を行う「過重労働解消キャンペーン」を実施しています。

特にキャンペーン期間中は、長時間にわたる過重な労働による過労死等にかかる労災請求が行われた企業や、離職率が極端に高いなど、若者の「使い捨て」が疑われる企業等に対して、労働基準監督署が重点監督を実施しています。また、重点的に確認する事項として、次の事項を挙げています。

---

① 時間外・休日労働が時間外・休日労働に関する協定届（いわゆる36協定）の範囲内であるかについて確認し、法違反が認められた場合は是正指導

② 賃金不払い残業がないかについて確認し、法違反が認められた場合は是正指導

③ 不適切な労働時間管理については、労働時間を適正に把握するよう指導

④ 長時間労働者については、医師による面接指導等、健康確保措置が確実に講じられるよう指導

第1節　長時間労働をめぐるトラブルの現状

　平成28年度過重労働解消キャンペーンでは、7,014事業場に対し重点監督が実施され4,711事業場（全体の67.2％）で労働基準関係法令違反が認められたと公表されています。主な法違反としては、違法な時間外労働があったものが2,773事業場、賃金不払い残業があったものが459事業場、過重労働による健康障害防止措置が未実施のものが728事業場でした。

図表1—18　平成28年度過重労働解消キャンペーンにおける重点監督実施状況

業種 ＼ 事項	重点監督実施事業場数	労働基準関係法令違反があった事業場数	主な違反事項		
			労働時間	賃金不払残業	健康障害防止対策
合　計	7,014 (100.0%)	4,711 (67.2%)	2,773 (39.5%)	459 (6.5%)	728 (10.4%)
製造業	1,845 (26.3%)	1,255 (68.0%)	787	95	161
建設業	718 (10.2%)	387 (53.9%)	198	40	34
運輸交通業	1,072 (15.3%)	798 (74.4%)	525	59	117
商　業	994 (14.2%)	673 (67.7%)	400	83	138
保健衛生業	347 (4.9%)	295 (85.0%)	148	43	44
接客娯楽業	487 (6.9%)	391 (80.3%)	255	44	99
その他の事業	931 (13.3%)	543 (58.3%)	279	50	77

出所：厚生労働省「別添1　平成28年度過重労働解消キャンペーンにおける重点監督実施状況」

求められる企業の決断

1　「働き方改革」が求められる背景

 人手不足が深刻化

　現在の日本は、人口減少局面にあり、将来、労働力人口減少による深刻な人材不足になることが予想されています。

　日本の人口の推移をみると、2060年代には総人口が9,000万人を割り込み、15歳から64歳までの生産年齢人口（労働力人口）は約4,400万人となり、2013年と比較して約2,500万人も減少します。

　このまま何も対策を打たなければ、将来にわたって生産年齢人口が大幅に減るのは確実であり、GDP（労働力人口×労働時間×労働生産性）下がって行くことは必至です。そこで政府は、労働力不足を解消するため、生産性向上を目的に「働き方改革」を推進しているのです。

 日本企業の生産性が低い理由

　日本は、諸外国に比べて「労働生産性」が低いといわれています。
　公益社団法人日本生産性本部の「労働生産性の国際比較」（2016年版）の労働生産性を、次の基準で国際比較した結果、

$$労働生産性 = \frac{GDP}{就業者数（または就業者数 \times 労働時間）}$$

　2015年の日本の労働生産性は、74,315ドル（783万円）で、OECD加

盟35カ国の中で22位でした。ニュージーランド（72,109ドル／760万円）をやや上回るものの、カナダ（88,518ドル／932万円）や英国（86,490ドル／911万円）といった国をやや下回る水準で、米国（121,187ドル／1,276万円）と比較すると、概ね6割程度の水準となっているのが現状です。

　それではなぜ、日本の労働生産性は低いのでしょうか。日本の企業は、長らく終身雇用・年功序列といった、いわゆる日本的雇用慣行をしてきました。このような慣行が成り立つのは、利益が右肩上がりで伸びるような戦後の高度経済成長という社会的背景が前提にあります。アウトプット（売上や生産量）を増やすために、インプット（人材や労働時間）を増やすといった考え方、つまり「長時間労働も厭わずに働くことが企業への貢献」という価値観を醸成してきたことが要因と考えられます。こうした価値観のもと、企業も社員を評価する際に、売上を増したり、経費を減らして付加価値を上げることよりも、"長時間労働"＝"がんばっている"と評価する傾向があり、社員が生産性向上に意識が向かない要因になっています。

　しかし、すでに述べてきたように、日本の人口は減少局面にあり、アウトプット（売上や生産量）を増やすためのインプット（人材や労働時間）が確実に少なくなっていきます。その中で企業は、外国人の雇用や女性活躍など、現状労働市場に参加が少ない人材を増やすことを考えなければなりません。また、労働者の中においてワーク・ライフバランスを重視し、出世を望まず、長時間労働を避け、自分の時間を重要視する若年者の意識変化があります。これからの企業は、ダイバーシティーの観点で、時間外労働を前提としない環境や、短時間勤務で、担当職務が限定された環境など、と様々な働き方を認めることを考えていかなければならないでしょう。

コストに合わない長時間労働

　東京大学医学部島津明人准教授は、「人間の脳が集中力を発揮できるのは朝目覚めてから13時間以内で、集中力の切れた脳は酒気帯びと同程度の、さらに起床後15時間を過ぎた脳は、酒酔い運転と同じくらいの集中力しか保てない」「脳の集中力が成果に直結するホワイトカラーは残業中の労働生産性が最も低い。もっとも集中力の高い日中の時間帯を効果的に使うことで生産性を高める取組が必要である。」と述べています。

　一方で、労働基準法は、1日8時間を超えた労働に対しては、125％の単価で割増賃金を支払うことを義務付けていますし、さらに22時以降は深夜労働として150％で支払う義務があるわけですから、長時間労働は2重の意味で生産性を下げることとなります。

　"酒気帯び運転状態"での仕事に125％、"酒酔い運転状態"での仕事に150％で賃金を支払っているということの是非について、再検討すべきではないでしょうか。

図表1－19　賃金の上昇と集中力の低下

時刻	会社		起きている時間	
6:00	起床	賃金	1	
7:00			2	
8:00			3	
9:00	始業		4	
10:00			5	
11:00			6	
12:00			7	
13:00		所定 100%	8	
14:00			9	
15:00			10	
16:00			11	
17:00	終業		12	
18:00			13	
19:00		時間外 125%	14	酒気帯び
20:00			15	
21:00			16	酒酔い
22:00		深夜 150%	17	
23:00			18	
0:00			19	

4　長時間労働による企業のイメージダウン

　企業に、労働基準監督署の調査が入り法令違反が発覚し、マスコミ報道やネット媒体などを通じ公の知るところとなった場合、企業イメージは大幅にダウンすることになります。

　36協定違反残業、残業代不払い、過労死、過労自殺といった問題で、企業名が知れ渡ることになり、いわゆる"ブラック企業"として認知されることになります。

　この結果、商品の売上低下、従業員の士気低下、採用活動への影響、などといった、さまざまな悪影響をもたらすことになります。特に昨今は、採用難の状況が続いており、企業としては人材確保が経営の課題と

23

なっている中で、いわゆる"ブラック企業"のレッテルを張られてしまうことは、大きなマイナスになると言えます。

　最近は、ネットの世界で、"ブラック企業"と悪い評判が広がることも一般的になりました。「ブラック企業大賞」「みんなの就職活動日記」などがその典型的なサイトです。

　ブラック企業大賞は、毎年年末に、長時間労働、セクハラ・パワハラ、いじめなど独自の「ブラック企業を見極める指標」を設け、ノミネート・表彰を行う民間団体です。ここでの不名誉な表彰は、ニュース等で報道もされ企業の評判を落としています。

　また、「みんなの就職活動日記」は、在職者・退職者問わず、企業ごとに情報交換ができるクチコミ就職サイトです。インターネットが普及している時代、求職者はこれらの報道やサイトを見て応募するか決定するほどであり、長時間労働をはじめとした会社の良くない情報が、企業イメージを著しくダウンさせ、企業の採用戦略に大きなダメージを与えることは間違いありません。

厚生労働省が"ブラック企業"の企業名を公表

　平成29年5月10日、厚生労働省労働基準局監督課は、「労働基準関係法令違反に係る公表事案」として法令違反した企業332社を公表しました。公表された内容は企業名・事業場名称、所在地、公表日、違反条項、事案概要、その他参考事項となっており、違法な長時間労働のケースが、全体の約18％を占める状況になっています。

　違反企業名は、同省ホームページにおいて、公表日から約1年間掲載され、毎月定期的に新たな違反企業が追加掲載されることになっています。

　こうした公表は企業にとって事業存続の危機であり、企業として今後、意識改革や法令遵守への取組みの強化が迫られていると認識しなくては

なりません。

図表1—20　労働基準関係法令違反に係る公表事案

法令	内容	構成比
労働安全衛生法違反	建設作業現場や製造現場などでの安全管理義務を怠ったことで事故が発生したケース	59.1%
労働基準法違反	違法な長時間労働のケース	17.6%
最低賃金法違反	賃金不払いや最低賃金を遵守しないケース	17.3%
その他		0.5%

「働き方改革実行計画」発表（平成29年3月28日）

　働き方改革を推進するために、政府は平成29年3月28日「働き方改革実行計画」を発表しました。

図表1—21　働き方改革実行計画目次

```
1. 働く人の視点に立った働き方改革の意義
2. 同一労働同一賃金など非正規雇用の処遇改善
3. 賃金引上げと労働生産性向上
4. 罰則付き時間外労働の上限規制の導入など長時間労働の是正
5. 柔軟な働き方がしやすい環境整備
6. 女性・若者の人材育成など活躍しやすい環境整備
7. 病気の治療と仕事の両立
8. 子育て・介護等と仕事の両立、障害者の就労
9. 雇用吸収力、付加価値の高い産業への転職・再就職支援
10. 誰にでもチャンスのある教育環境の整備
11. 高齢者の就業促進
12. 外国人材の受入れ
13. 10年先の未来を見据えたロードマップ
```

第1章　今、なぜ長時間労働対策が求められているか？

　働き方改革実行計画で特に着目すべきは、2の「同一労働同一賃金など非正規雇用の処遇改善」と、4の「罰則付き時間外労働の上限規制の導入など長時間労働の是正」、の2項目です。

　まず、「同一労働同一賃金など非正規雇用の処遇改善」とは、同一労働同一賃金の導入になり、仕事ぶりや能力が適正に評価され、意欲をもって働けるよう、同一企業・団体におけるいわゆる正規雇用労働者（無期雇用フルタイム労働者）と非正規雇用労働者（有期雇用労働者、パートタイム労働者、派遣労働者）の間の不合理な待遇差の解消を目指す内容です。厚生労働省はこれに先立って、平成28年12月20日に、「同一労働同一賃金ガイドライン案」を公表し、正規雇用労働者と非正規雇用労働者との間で、待遇差が存在する場合にいかなる待遇差が不合理なものであり、いかなる待遇差が不合理なものでないのかを具体的に示していますが、今後、関係者の意見や改正法案についての国会審議を踏まえて、最終的に確定し、改正法の施行日に施行することとなっています。

　次に、「罰則付き時間外労働の上限規制の導入」については時間外労働の限度を、原則として月45時間、かつ、年360時間としており、特例として、臨時的な特別の事情がある場合に、労使が合意して労使協定を結ぶ場合においても、年720時間を限度としています。さらに、年720時間以内において、一時的に事務量が増加する場合についての上限を2ヶ月、3ヶ月、4ヶ月、5ヶ月、6ヶ月の平均で、いずれにおいても、休日労働を含めて、80時間以内、単月では、休日労働を含めて100時間未満、原則を上回る特例の適用は、年6回を上限としました。

　最後に、労使が上限値までの協定締結を回避する努力が求められる点で合意したことに鑑み、さらに可能な限り労働時間の延長を短くするため、新たに労働基準法に指針を定める規定を設け、行政官庁は、当該指針に関し、労使等に対し、必要な助言・指導を行えるようにするとしています。

図表1—22　罰則付き時間外労働の上限規制の導入イメージ

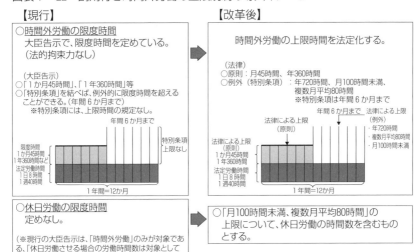

出所：内閣官房資料

　政府は、平成29年度に法案を作成し、平成30年度に成立させ、平成31年度までには法律を施行させたいと考えています。

　政府は以上のような働き方改革実行計画を作成し、特に長時間労働の削減及び正規非正規の待遇格差の是正をまったなしで推進しようとしています。一方で、多くの企業にとって会社の組織を大きく変革しなければなければならない施策であり、当然即時に対応できないことが考えられます。今後、多くの企業において、違法な長時間労働や残業代不払いなどの労使トラブルが急増することになることが想定されています。

第1章　今、なぜ長時間労働対策が求められているか？

図表1—23　法改正のロードマップ

3　一刻も早く改革をスタートしよう

　これまで述べてきたように、「人手不足」「生産性改善」「長時間労働によるムダ」「長時間労働による企業のイメージダウン」などの課題に対する答えは、企業にとってなんらかの"働き方改革"を真剣に検討せざるを得ないということになるでしょう。

　政府は、具体的なロードマップを示しながら着実に改革を推進していこうとしています。そのために改革を実現するための残された時間は限られます。

　それぞれの企業の労働実態も様々だと思いますが、現状が長時間労働であればあるほど、改革に時間がかかるわけですから、残された時間は少ないということになります。

　以下は、長時間労働の状態により、働き方改革の難易度をパターン別にまとめたものです。あなたの企業はどのレベルに該当するでしょうか。

特に③、④のパターンは平成29年の今から残り1年半で改革を行うことが必須です。この数年は、自社の状況に応じた働き方改革が急務といえます。

図表1—24　パターン別働き方改革への難易度

現状	働き方改革の 難易度
①36協定遵守 　月45H かつ年間360H 以内	【低い】
②36協定＋特別条項遵守 　6ヶ月：月45H かつ年間360H 以内 　繁忙期：特別条項　月80H 以内	
③36協定＋特別条項　未遵守 　6ヶ月：月45H かつ年間360H 超 　繁忙期：特別条項　月80H 超	
④長時間労働・労働時間の実態が不明 　36協定未届出・違法残業状態	【高い】

第2章

長時間労働削減は、
組織風土の改革から

第 1 節

なぜ長時間労働が発生するのか？

　独立行政法人労働政策研究・研修機構が実施した「労働時間管理と効率的な働き方に関する調査」結果によると、企業側が考える所定外労働が発生する理由は、①業務の繁閑が激しいから、突発的な業務が生じやすいから（64.8％）、②人員が不足しているから（50.9％）、③仕事の性質や顧客の都合上、所定外でないとできない仕事があるから（47.1％）等が上位に挙がり、次に④組織間や従業員間の業務配分にムラがあるから（23.7％）、⑤仕事の進め方にムダがあるから（急な方針変更や曖昧な指示、プロセスの多い決裁手続き、長時間におよぶ会議等）（22.2％）、⑥能力・技術不足で時間がかかってしまう従業員がいるから（21.6％）が、いずれも20％台で続いています。

第1節　なぜ長時間労働が発生するのか？

図表2－1　企業が考える所定外労働の発生理由

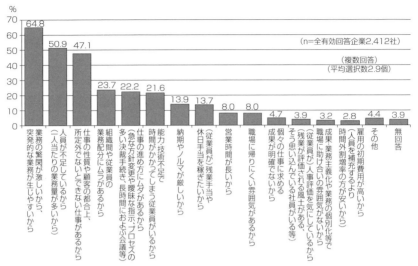

出所：独立行政法人労働政策研究・研修機構「JILPT 調査シリーズ No.148 「労働時間管理と効率的な働き方に関する調査」結果および「労働時間や働き方のニーズに関する調査」結果」6ページより

　業種別に見てみると、①業務の繁閑や突発的な業務を挙げた企業は、「情報通信業」や「不動産業、物品賃貸業」「製造業」等、②人員不足については「宿泊業、飲食サービス業」等、③所定外でないとできない仕事は「建設業」や「金融業、保険業」「情報通信業」等に多くなっています。また、④業務配分のムラを挙げる企業は、「教育、学習支援業」や「学術研究、専門・技術サービス業」「製造業」等に多くなっており、⑤仕事の進め方のムダについては、「卸売業、小売業」や「情報通信業」「教育、学習支援業」「製造業」等、⑥能力・技術不足の従業員は「情報通信業」等で多くなっています。
　また、企業規模別にみてみると、②人員不足のほか、④業務配分のムラや、⑤仕事の進め方のムダ等については、大規模企業ほど回答割合が高くなっており、平均選択数についても規模が大きいほど多く、所定外

33

第2章　長時間労働削減は、組織風土の改革から

労働を発生させる要因が多様になる様子が見て取れます。

図表2－2　ポイント

1．「業務の繁閑が激しいから、突発的な業務が生じやすいから」は業種にかかわらず5割以上の企業があげている。
2．「人員不足」「業務配分のムラ」「仕事の進め方のムダ等」は大企業ほど高い傾向。
3．企業規模が大きいほど、所定外労働を発生させる理由が多様化している。

　一方、所定外労働をすることがある労働者を対象に、自身が所定労働時間を超えて働く理由を尋ねると、①「業務の繁閑が激しいから、突発的な業務が生じやすいから」（58.5％）、②「人手不足だから（1人当たり業務量が多いから）」（38.2％）が続き、企業が考えるものと一致しています。一方労働者からは、③「自分が納得できるまで仕上げたいから」（23.9％）を5人に1人が挙げており、⑪「仕事が面白いから」（5.1％）が挙がるなど、労働者側の特徴が出ています。

34

図表2−3　所定労働時間を超えて働く労働者としての理由

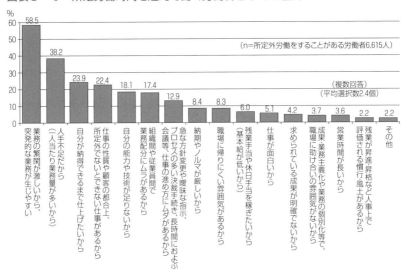

出所：独立行政法人労働政策研究・研修機構「JILPT 調査シリーズ No.148
「労働時間管理と効率的な働き方に関する調査」結果および「労働時間や
働き方のニーズに関する調査」結果」37ページより

　年齢層別には、「業務の繁閑が激しいから、突発的な業務が生じやすいから」や「業務配分にムラがあるから」「仕事の進め方にムダがあるから」といった回答は、男性の30代でもっとも多くなっています。一方、「所定外でないとできない仕事があるから」は、男性では年代が上がるほど高まる傾向がみられ、50代以上で31.6％となっています。なお、「自分が納得できるまで仕上げたいから」等については、性別や年齢層にかかわらず、一定程度（2割台）となっているのが特徴です。

　役職別でみると、「業務の繁閑が激しいから、突発的な業務が生じやすいから」や「人手不足だから」「所定外でないとできない仕事があるから」「業務配分にムラがあるから」等、全16項目中10項目に渡り、課長代理クラス以上の回答割合がもっとも高くなっています。

　さらに年収水準を加味してみると、役職を問わず年収が高い人ほど、

「自分が納得できるまで仕上げたいから」や「仕事が面白いから」等の回答が多く、年収が低い人ほど、「残業手当や休日手当を稼ぎたいから」等の回答割合が高まる傾向が見て取れます。

図表2－4　ポイント

> 1．年代にかかわらず5人に1人が「自分が納得できるまで仕上げたい」をあげている。
> 2．「所定外でないとできない仕事があるから」は、年代が上がるほど高まる傾向がみられる。
> 3．年収が高い人は、「自分が納得できるまで仕上げたいから」や「仕事が面白いから」の回答が多い。
> 4．年収が低い人ほど、「残業手当や休日手当を稼ぎたいから」等の回答が多い。

「労働時間管理と効率的な働き方に関する調査」結果および「労働時間や働き方のニーズに関する調査」結果で、労使双方から上げられた意見を分類すると、所定労働時間を超えて働く理由は、「組織・風土」に起因しているもの、「仕事」に原因があるものに、大別できることがわかります。

具体的には、「職場に帰りにくい雰囲気がある。」「成果・業績主義化や仕事の個別化等で、職場に助け合いの雰囲気がない。」「人事評価を気にしている。（残業が評価される風土）」「個々の仕事に求める成果が明確でない。」は、これまで経営者・管理職が培った組織風土そのものです。また、社員が「自分が納得できるまで仕上げたい」「仕事が面白い」と考える傾向にあることに対して、これを好ましいことと考え、働くことを容認する状態は、これも職場風土と言って良いでしょう。

さらに、社員が、「残業手当や休日手当を稼ぎたい」と、いわゆるダラダラ残業をしていても、これを放置しているばかりか、むしろ"頑張っている"と評価している状態も、職場風土に分類できるでしょう。

「組織・風土」とは、"長時間労働"＝"美徳"とするような経営者・管理職の意識であり、長い間に醸成した企業の価値観と言えるでしょう。

また、もう一つは「仕事」を原因とするもので、さらに「ムリ・ムダ・ムラ」の３つに分類することができます。「ムリ・ムダ・ムラ」とは、生産管理や業務運用の合理化・効率化を進めるに当たり排除すべき要素として挙げられる言葉で、「トヨタ生産方式」の根幹のひとつに挙げられている考え方です。これを長時間労働の発生要因として定義してみると、

「ムリ」……無理な「事業モデル」から残業となっている状態

「ムダ」……非効率な業務が多く残業になっている状態

「ムラ」……仕事の偏りにより残業が発生している状態

となるでしょう。

具体的には、「ムリ」には、「仕事や顧客の都合で、所定外でないとできない」「納期が厳しい」「突発業務が多い」「営業時間が長い」「社員の能力・技術が不足している」「人員が不足。１人当たりの業務量が多い」がこれに分類されます。もともと、事業モデル自体が、残業をしなければ成立しない仕組みになっている状態です。

「ムダ」には、「方針変更や曖昧な指示」「プロセスの多い決裁手続き」「長時間に及ぶ会議」「非効率な仕事の進め方」が分類されますが、こうしたことは、どんな企業でも少なからずあることですから、改めて説明するまでもなく理解していただけると思います。

次に、「ムラ」ですが、「組織間や従業員間で、業務配分にムラがある」「業務の繁閑」が分類されます。管理職や優秀な社員に仕事が集中する傾向や、忙しい部署と暇な部署がある実態、時間単位・日単位・月単位・季節単位で忙しさが変動したり偏ったりする状態をいいます。

第2章　長時間労働削減は、組織風土の改革から

図表2－5　時間外労働の分類別発生要因

区分		要因
組織風土	経営者・管理職に原因	・職場に帰りにくい雰囲気がある
		・成果主義化や仕事の個別化等で、職場に助け合いの雰囲気がない
		・人事評価を気にしている（残業が評価される風土）
		・個々の仕事に求める成果が明確でない
	社員に原因	・自分が納得できるまで仕上げたい
		・仕事が面白い
		・残業手当や休日手当を稼ぎたい
仕事	ムリ（事業モデルに無理がある）	・仕事や顧客の都合で、所定外でないとできない
		・納期が厳しい
		・突発業務が多い
		・営業時間が長い
		・社員の能力・技術が不足している
		・人員が不足。1人当たりの業務量が多い
	ムダ（非効率な仕事が多い）	・方針変更や曖昧な指示
		・プロセスの多い決裁手続き
		・長時間に及ぶ会議
		・非効率な仕事の進め方
	ムラ（仕事に偏りがある）	・組織間や従業員間で、業務配分にムラがある
		・業務の繁閑（時間単位、日単位、月単位、季節単位）

　一般論として時間外労働の発生要因は、以上のように分類できますが、各会社における実際の時間外労働は、これらの要因が複雑に絡み合って発生しているため、「残業削減」を難しくしています。

　しかし、「残業削減労働削減」を実現するための第1歩は「残業発生要因をきちんと分類・把握すること」であり、これなくして必要な対策を講じることはできません。

38

なぜ長時間労働がなくならないのか？

よくある失敗のパターン

「長時間労働削減」について、取組みを始めてはみたものの、「形骸化」して、まったく成果がでていないということを聞きます。こうした失敗の根本原因は、そもそも、「会社として"本気で"残業削減を実行しようとしていない」と言わざるを得ないでしょう。

働き方改革を進めるためには、経営者、管理職、社員が、長い時間をかけて醸成してきた組織・風土を、一気に変革することが必要であるにもかかわらず、経営者や管理職は「社員の能力が低くて仕事が遅い！」と嘆き、社員は「人手が足りないから仕方がない」と不満を言うなど、お互いがお互いに責任をなすりつけているような状態になっているのが実情ではないでしょうか。

それでは、なぜ、それぞれが本気に改革に取り組めないのでしょうか？

経営者層の問題

安倍首相は、「働き方改革実現推進室」の開所式で『モーレツ社員』の考え方が否定される日本にしていきたい」と述べました。『モーレツ社員』とは、日本の高度経済成長期にあたる1970年台、「朝から晩まで家庭や家族をも顧みず猛烈に働いていた社員」をいいます。当時の年間総実働時間は2200時間を超え、現在の平均を500時間以上、上回ってい

39

ました。現在の経営層の中には、こうした時代に会社員としての在り方を叩き込まれた人も多く、今になって、残業削減が時代の流れだと言われてもこれを受け入れられず、仮に企業として改革を進めることとしても、総務・人事部門や部下に任せっぱなしで、トップが自ら本腰を入れていないというケースが多いのではないでしょうか。社長や役員は、心の中で、「俺の若い頃は、こんなものではなかった」と思っているのです。

　日本企業には、いまだに長時間労働を「美徳」とする経営者が少なからず存在することは間違いないでしょう。長時間労働で、某広告代理店の過労自殺事件が起こった際に、某大学教授が「月当たり残業時間が100時間を超えたくらいで過労死するのは情けない」とツイッターに投稿し、「時代錯誤だ」などと大きな批判を浴びました。そのツイッターに対しても「俺なんか若いときは残業150時間超えザラだった」というように、教授の意見に賛同するようなコメントも寄せられていました。

　長時間労働削減のためには、これまでの企業の価値観を転換するような意識改革が必要となりますが、「経営トップ」が決断して明確な方針を打ち出していなければ本当の改革は始まるはずはありません。

　改革が進まない企業の最大の戦犯は、経営者あるいは経営者層であると言っても過言ではありません。

働き方改革 "ワンポイントチェック"（経営者）

経営者層に、セルフチェックをしてもらいましょう！

	項　　目	Check
1	自らが改革の先頭に立って、指揮・命令・判断をしているか？部下に丸投げしていないか？	
2	改革に必要な、経営資源を投入しているか？（人、物、金）	
3	経営トップとして、顧客・取引先・業界への働きかけを行っているか？	
4	改革プロジェクトの進捗状況を常にチェックし、必要に起動修正を行っているか？	
5	本音では、長時間労働を"美徳"と思ってはいないか？	

管理職の問題

　管理職の問題の第一は、「管理職自身が多忙なため部下のマネジメントにまで手が回らない、そんな時間がない」といったパターンです。

　本来、仕事は、管理職が部下に指示・命令してはじまり、部下は指示された期限までにこれを終わらせるべきものです。管理職が部下の能力、仕事のスピードを把握して一つひとつの仕事を与えていれば、残業時間も管理職のコントロール下に置くことができます。しかし、現実の管理職は、業務が複雑化する中で、部下の仕事のすべてを掌握できていないばかりか、自らもプレーヤーとして動かざるを得ない状況におかれており、部下の仕事の進捗管理を行う余裕がまったくないといったパターンです。これでは、企業が「ノー残業デー」や「一斉消灯」などの施策を講じても、社員が、「今日は忙しいから」「納期が迫っているから」と申請すれば、管理職は、これを機械的に承認し、「ノー残業デー」に大勢

の社員が働いているような企業になってしまっています。

　第2は、管理職のマネジメントについて十分な教育・訓練がされていないため、不必要な残業をさせているというパターンです。日本能率協会総合研究所が実施したアンケートでは、残業時間が長い社員の上司の特徴として、「残業することを前提に仕事の指示をする」「付き合い残業をさせる」「必要以上に資料の作成を指示する」「社員間の仕事量の平準化を図っていない」と続いています。管理職にも先に述べた経営者と同様の価値観、つまり「長時間労働＝美徳」といった価値観の方が少なくないことや、マネジメント技術の未熟さがこうした誤った指示に結びついている原因といえます。

働き方改革"ワンポイントチェック"（管理職）		

管理職層に、セルフチェックをしてもらいましょう！

	項　　目	Check
1	方針を理解し、経営トップと一体となって本気で改革を推進しようとしているか？　本音ではムリだと思っていないか？	
2	自部門だけでなく、他部門や企業全体の改革を意識して取組みを進めているか？　全体最適を意識しているか？	
3	課題や障害となることがあれば、全社の課題として、検討の場に上げているか？	
4	責任部門の改革目標の達成状況を常にチェックし、必要に軌道修正を行っているか？	
5	残業・休日・深夜労働申請については、その必要性を厳しく審査しているか？	

4　社員の問題

　多くの社員は、「上司や仲間が残業しているから帰りにくい」と感じています。また、「残業をしていると評価される」と考える社員も多く、サービス残業や休日出勤を厭わない姿勢が企業に対する忠誠心と思い込んでいる場合もあるでしょう。これらは、前述の様に、経営者や管理職が「モーレツ社員」であった場合、社員もそうした価値観にあわせて働かざるを得なくなるのは当然です。

　一方で、社員自身の問題として、「残業代が生活費の一部になっていて残業代を稼ぎたい」ということがあります。生活費を確保するために、毎月一定額の残業代を稼ごうと、業務の繁閑に関係なくダラダラと残業をしてしまい、仮に上司が部下に早く帰るように指示をしても、いろいろな理由をつけて部下は帰ろうとはしません。

　また、社員自身の問題として、「自分の仕事をきっちりやり遂げたい」という心理から長時間労働となるパターンがあります。専門性が高い職務や優秀な社員ほど起こりやすく、仕事に対するプライドや目標に対する執着心、達成意欲が強く、時間に関係なく、自分が納得するまで仕事を行うために残業が発生します。

第 2 章　長時間労働削減は、組織風土の改革から

		働き方改革"ワンポイントチェック"（社員）	

社員層に、セルフチェックをしてもらいましょう！

		項　　目	Check
1	自分の仕事が終わっていても、上司や同僚が仕事しているからと"付き合い残業"をしていないか？		
2	生活費の一部として残業代を考えていないか？		
3	自分は、仕事の能力が低いから、多少のサービス残業は仕方がないと考えていないか？		
4	顧客や上司に求められている以上に、コストに合わない労働時間を投入していないか？		
5	一日の仕事を、終業時刻までに終わりにするように意識して仕事をしているか？		

44

第 3 節

組織・風土を改革する

 経営トップによる働き方改革宣言が重要

　これまで残業の発生要因や、長時間労働がなくならない理由を確認してきた中で、「職場・風土」の問題が大きいことを理解いただけたと思います。それでは、これを変えるためにはどうしたら良いでしょう。

　平成28年秋、日本電産株式会社（永守重信社長）は、「2020年度までに残業ゼロを目指す」と発表し、世間を驚かせました。永守重信社長と言えば、「元日の午前以外は休まない」と言い切り、「誰よりも長く働く」ことを誇りとしてきた"モーレツ経営者"です。昭和48年の創業以来、「人の倍働く」を信条に成長を遂げてきた日本電産が、働き方改革に大きくかじを切った理由は、優秀な人材確保と社員個人の能力向上のためには働き方を抜本的に変える必要があると判断したからと説明されています。そのために、2020年までに1,000億円を投資（生産部門と開発や事務の間接部門にそれぞれ約500億円ずつ投資）するなどの具体策も発表しています。「朝まで働け」と豪語していた経営者が、180度違うことを言い出したわけですから、1万人の社員はさぞかし、驚いたでしょう。しかし、その後社員からは、改革実現のためのアイデアが800通以上集まったそうです。

　日本電産の事例は、まさに経営トップによる働き方改革宣言の典型的な事例と言って良いでしょう。「トップダウンだけで残業がなくなるわけではない」と反論する人もいますが、「経営トップ」による強い意思

が示されることなくして、改革はスタートしないのです。

　また、"経営の神様"といわれた松下幸之助も、次のように言っています。「人より1時間、余計に働くことは尊い。努力である。勤勉である。だが、今までよりも1時間少なく働いて、今まで以上の成果を上げることも、また、尊い。そこに人間の働き方の進歩があるのではなかろうか。それは、創意がなくてはできない。工夫がなくてはできない。働くことは尊いが、その働きに工夫がほしいのである。創意がほしいのである。（中略）怠けろというのではない。楽をする工夫をしろというのである。楽々と働いて、なおすばらしい成果が上げられる働き方を、お互いにもっと工夫したいというのである。そこから社会の繁栄も生まれてくるであろう。」（出所：『道をひらく』松下幸之助　PHP研究所）

　松下幸之助は、高度成長期の終わりといわれる1973年に現役を引退した経営者ですが、この時代の経営者から、まるで今の時代を先取りするかのような、「楽々と働いて、なおすばらしい成果が上げられる働き方を、お互いにもっと工夫したい」という言葉が出ていたのは驚きです。

　長時間労働に悩む企業の経営者には、「生産性の大幅向上で働き方改革を実現し、収益力を向上して持続的成長をめざす」ことを、企業の基本方針、中長期の経営計画で宣言して本気度を示して欲しいと思います。

　また、企業・経営者による「働き方改革宣言」にはもう一つ重要な意味があります。平成28年12月に、宅配便大手が、違法残業と残業代の不払いが表面化した後、平成29年4月に、「"働き方改革"の基本骨子」を公表しました。その中身には、「宅急便の配達時間帯の指定区分の見直し」や、「Eコマース市場の顧客の、低単価な荷物量の抑制」が掲げられています。後日、Eコマース大手の、当日配送サービスから撤退することが報道されました。このように、働き方改革宣言は、仕事における"ムリ"の原因となっている顧客、取引先、業界等に対して、経営トップとして、企業の方針・意思を表明し、理解と協力を求める意味がある

第3節　組織・風土を改革する

のです。

　政府が働き方改革を推進する中、平成27年7月、経団連、日本商工会議所、経済同友会、全国中小企業団体中央会など60を超える経済団体が、「経営トップによる働き方改革宣言」を公表しました。

　働き方改革を自社の努力だけで実現できる企業は少なく、顧客、取引先、業界団体の事情など理由に、改革に躊躇していた企業も多いと思いますが、日本社会全体が、いよいよ重い腰を上げる状況となりました。

　「働き方改革、みんなで渡れば怖くない！」といった機運が高まっているのです。

図表2－6　経営トップによる働き方改革宣言

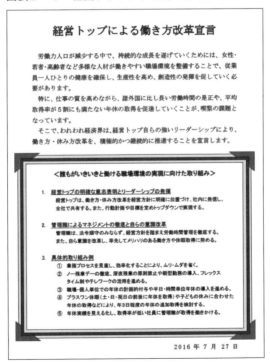

第2章　長時間労働削減は、組織風土の改革から

人事制度を変える

人事評価を変えることの重要性

　先にご紹介した「労働時間管理と効率的な働き方に関する調査」結果によると、従業員が所定外労働したことを、どのように人事評価しているか尋ねると、「評価していない」企業が半数弱（48.1％）を占めています。また、「プラスに評価している」（9.0％）、あるいは「マイナスに評価している」（4.7％）企業はいずれも僅少であったものの、「何とも言えない」とする企業が37.1％と１／３を超えています。そのうえで、所定外労働時間の長い従業員が、結果として早く昇進・昇格していると思うかという問いに対しては、「している」とする企業が4.7％に対し、「していない」は26.0％で、「何とも言えない」が67.2％等となっています。このように、所定外労働したことを、明確に「プラスに評価する」制度を採っている企業は５％程度にとどまるものの、間接的に評価される結果となることは否定していないことがわかります。

　これを裏付けるように、同調査結果には、課長代理クラス以上に尋ねた昇進のスピード別にみると、同時期入社等と比較して昇進が「早い」人は、「普通」ないし「遅い」人より「１週間の実際の労働時間」がやや長いというデータや、「１ヶ月の所定外労働時間」が45時間を超えた経験でも、昇進が「早い」人は51.4％と、「普通」（42.2％）あるいは「遅い」（39.2％）人を上回っているというデータ、年次有給休暇取得率も、昇進が「早い」人ほど平均取得率は低く（32.2％）、「遅い」人との間で8.1ポイントの差が開いているということ、昇進が「早い」人は、年次有給休暇をまったく取得しなかった割合が５人に１人（20.0％）、５日未満の割合が半数弱（45.8％）にのぼり、「遅い」人をそれぞれ6.6ポイ

48

第3節　組織・風土を改革する

ント、15.0ポイント上回っているというデータもあります。

　このように、多くの企業において、長時間労働は人事評価上、「マイナス評価」とされることは少なく、どちらかというとプラス評価に結びつくことが多いというのが実情となっていると言えるでしょう。

図表2－7　所定外労働に対する人事評価と結果的な昇進・昇格

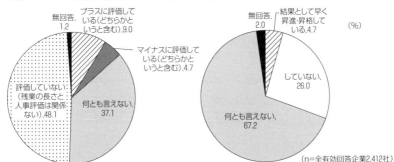

出所：独立行政法人労働政策研究・研修機構「JILPT 調査シリーズ No.148 「労働時間管理と効率的な働き方に関する調査」結果および「労働時間や働き方のニーズに関する調査」結果」11ページより

　近年、成果主義を基本にした人事制度を導入する企業が増えていますが、いまだ「長時間働くことで評価される」と考える社員も少なくなく、経営者・管理職も長時間労働を美徳とする者がまだまだいるのが実態であることは先に述べたとおりです。このような組織風土を変えるためには、人事評価制度の中に明確に企業の姿勢を打ち出すことが必要なのです。

　厚生労働省が平成23年に実施した「時間外労働削減のための取組に関するアンケート調査結果」によると、時間外労働削減の効果が高かった取組みの、第1位が「時間管理が評価される管理職人事制度の導入」、第2位が「時間管理が評価される一般従業員人事制度の導入」となっており、その効果も高いことがわかります。

49

第2章　長時間労働削減は、組織風土の改革から

図表2－8　時間外労働削減のための取組みと生産性の変化

順位	取組	生産性が向上した
1	時間管理が評価される管理職人事制度の導入	12.9%
2	時間管理が評価される一般従業員人事制度の導入	12.2%
3	経営者主導の労働時間削減プロジェクトの実施	11.0%
4	労働時間適正化に関する従業員向け教育の実施	9.2%
5	取引先等との間の発注方法、スケジュールなどの見直し	8.9%
6	業務プロセスの見直し	8.7%
7	残業を事前に承認する制度の導入	8.4%
8	ノー残業デーやノー残業ウイークの設置	8.3%
9	従業員間の労働時間の平準化を実施	8.0%
10	従業員の能力開発の実施や自己啓発の支援	7.9%

出所：厚生労働省「時間外労働削減のための取組みに関するアンケート」（平成23年）を加工

　「仕事の効率性」を重視する評価制度とは？

　人事制度は、一般に「等級制度」「評価制度」「報酬制度」により構成されます。「評価制度」は、賃金・賞与等の報酬を決定するための仕組みであり、企業の中で、役割・職務・能力などの要素で序列化する等級制度の決定要素でもあり、人事制度の中核となる制度です。

図表2−9 人事制度の全体像

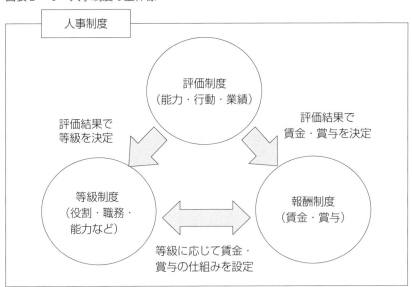

　人事評価制度は、一定期間（1年や半年間）の従業員の評価を行う制度です。何を基準に評価を行うかは、企業の経営に対する考え方が反映され千差万別ですが、評価の要素は「能力」「行動」「業績」を柱として、これらを組み合わせて評価を行うことが一般的です。

　かつては、職能資格制度に代表されるように「能力」評価が主流でしたが、バブル崩壊後、成果主義のもとで「業績」評価を取り入れる企業が増加した結果、業績向上も社員の納得性も得られなかったケースが多く、現在は、「行動」評価を中心とした評価を行う傾向にあります。

　労務行政研究所が平成26年に行った「人事評価制度の実態と運用に関する調査」によると、昇給評価、賞与評価ともに、「業績」と「行動」を中心に組み合わせた評価を行うことが主流になっています。

目標管理制度に「効率化」「タイムマネジメント（時間管理）」の要素を加える

「業績」評価は、「目標管理制度」（＝MBO）で運用されることが一般的です。「目標管理制度」は、期首に企業や部門の方針にもとづき自らの業務目標を決め、期中に進捗管理のための中間評価を行い、期末に目標達成度を判定して、賞与や昇給、昇進に反映させる制度のことです。

図表2─10　目標管理の流れ

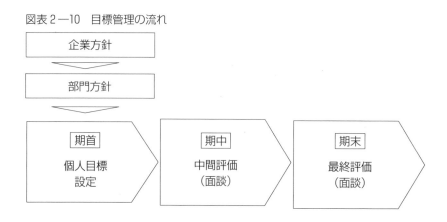

設定される業務目標は、企業の業種、従業員の職種によって様々ですが、売上・粗利といった「財務的な目標」を中心に設定することが多いでしょう。他にもこうした「定量的な目標」を実現するために取り組むべき業務施策を定性的に設定することも一般的です。

今後、企業として長時間労働削減に向けた改革をスタートするにあたり、全社目標として、業務の「効率化」「タイムマネジメント（時間管理）」に関する項目を掲げ、これを各部門および個人へブレークダウンすることが必要です。

業務の「効率化」については、「○○の業務の投入時間（日数）を短

第3節　組織・風土を改革する

縮する」といった「定量的」な目標と、これを実現するために必要な施策を、定性的な目標として設定することが良いでしょう。

図表2—11　業務効率化目標の例

部門	効率化目標
総務	●給与計算事務処理の短縮日数
経理	●月次決算の短縮日数
情報システム	●トラブル復旧スピードの短縮時間
営業	●見積り作成の短縮時間
製造	●省人化率　　●多能工化率
物流	●入出庫の短縮時間

また、「タイムマネジメント（時間管理）」に関する項目としては、下表のような項目があげられますが、労働時間が短いことや休暇をたくさん取得すれば評価がプラスになるわけですから、社員個人の目標に設定することよりも、一定の組織を統括する管理職・監督職の部門目標として設定することが好ましいでしょう。また、こうした評価を設けた場合、管理職が部下に対して違法なサービス残業を強いる懸念も生じますので、管理職に対する教育・指導・監督も欠かせません。

53

第2章　長時間労働削減は、組織風土の改革から

図表2—12　タイムマネジメントに関する目標の例

区分	項目
労働時間に関する目標	●所定外労働時間の削減 ●ノー残業デー実施率の向上
休日取得に関する目標	●休日出勤率の削減 ●有給休暇取得率の向上 ●連続休暇実施率の向上
生産性に関する目標	●人時生産性の向上 　人時生産性＝営業利益金額÷総労働時間

 行動評価に「効率性」に関する項目を加える

　「行動評価」を行うための手法として、「コンピテンシー」を採用する企業が増えています。コンピテンシーとは、「成果をあげるプロセスで発揮、実践、顕在化された行動能力」、特に「仕事のできる人の行動特性」と言われ、従来の「規律性」「責任性」「積極性」「協調性」といった仕事への取組み姿勢や意欲で評価するいわゆる「情意評価」から、より具体的な行動を評価するコンピテンシー評価へ主流が移っています。

　「コンピテンシー」評価は、担当する職務ごとに設定するものと、全社共通に設定するもの、管理職に設定するものがありますが、これらの項目それぞれに、「効率性の追求」「タイムマネジメント」に関する「コンピテンシー」項目を加えることが効果的です。

　企業は、あるべき社員像として、「効率性の追求」「タイムマネジメント」を行動規範として示し、これにもとづき評価することを示すことが必要です、先にご紹介した所定外労働が発生する理由のアンケートの中にも「残業をすると評価される」という回答がありましたが、こうした社員の意識を払拭することにつながるでしょう。

54

第3節　組織・風土を改革する

図表2-13　「コンピテンシー」評価項目の例

区分	コンピテンシー（例）
全社員共通に求められる行動 （コアスキル） 又は 職種別に求められる行動 （専門スキル）	【計画性】 スケジュールにもとづき、段階を追って物事を同時並行的に進めているか。 【業務改善】 担当業務のやり方・手段、あるいは仕事そのものについて自ら提案し、より良くしているか。 【業務の処理速度】 業務への集中力を高めたり、早め早め期限を設定することなど、業務遂行スピードを速める努力をしているか。
管理職に求められる行動 （マネジメントスキル）	【業務管理力】 業務効率アップのために、仕事の流れや分担をしっかりとチェックする。 【時間管理の徹底】 労働時間管理目標ややルールを部下・後輩・チームメンバーに徹底して守らせる。 【権限の委譲】 部下・後輩・チームメンバーに思い切って仕事を任せ、伸び伸びと仕事をさせる。

残業代の削減分を還元する仕組みを検討する

　労働時間を削減すれば、社員にとってみれば、これまでもらっていた残業代分が、確実に給与から減ることになります。

　先にご紹介した、日本電産が残業削減方針を社内発表した際に、社員から、「残業代も収入のうちと見越して住宅ローンを組んだ。残業ゼロになったら生活が成り立たなくなる」との声があがったそうです。これに対して、永森社長は、「当社が目指すのは残業ゼロではない。残業ゼロは手段であり、目的は『生産性を世界のトップレベルまで高めること』だ。その結果、競争力が高まれば、利益が増える。利益が増えれば、給

第2章　長時間労働削減は、組織風土の改革から

料もボーナスも上がる。むしろ、君たちの収入は上がるのだ。残業代で稼げる額の比ではない」。と説明し、社員は皆安心したそうです。

　それでは、実際に残業代を社員に還元する仕組みはどうすれば良いでしょう。最もシンプルな仕組みとしては、やはり賞与で還元する仕組みでしょう。「業績連動賞与」として、労働分配率等の経営管理指標にもとづき賞与原資を決定し、評価結果を考慮してこれを分配するシステムをすでに導入している企業も多いと思います。

　こうした仕組みのもと、1年間の付加価値額が同じであるならば、削減できた残業代分だけ賞与で還元することは、人件費管理上は容易です。

図表2—14　残業代削減分の賞与還元イメージ

付加価値(A)

労働分配率＝(B)÷(A)

人件費(B)		賞与		賞与
		残業代	⇒	
		月額給与		月額給与

（注）資料の簡略化のため、人件費の内訳の法定福利費等は省略しています。

　問題となるのは、削減された残業代を賞与として誰に分配するかということですが、一律に還元したのでは、残業を削減できなかった部門や個人に分配することとなり、社員の納得が得られません。

　そこで先に述べた、「目標管理制度」や「コンピテンシー評価」により、効率化やタイムマネジメントで成果をあげた部門や個人に優先的に配分する仕組みを作ることが必要になります。

56

第3節　組織・風土を改革する

図表2−15　残業代削減分の賞与還元イメージ

効率化評価　　　　　　　　　　　　特別賞与
通常評価　　　基本賞与　　　　　　基本賞与

57

第3章

労働時間管理の仕組みを変える

労働時間管理見直しの意義

　長時間労働の削減・働き方改革を進めるための次のステップは、労働時間管理の仕組みの見直しを行うことです。

図表3－1　長時間労働削減のステップ

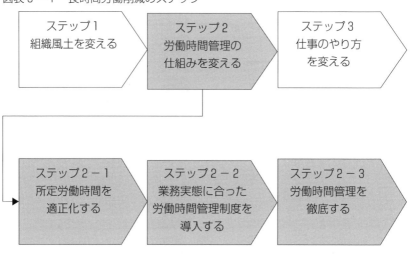

　残業が発生している要因は企業によって様々ですが、共通する要因として「労働時間管理の仕組み」の問題が、少なからずあると思われます。「仕事の仕方を変える」検討に入る前に、「労働時間管理の仕組み」を変えることで一定の労働時間削減に取り組みましょう。
　具体的には、「現在の所定労働時間数、労働日数が妥当なのか？」「現在の就業規則にもとづく労働時間管理の仕組みは、各現場の業務実態にあった仕組みになっているのか？」、最後に、「企業が定めた労働時間管

第1節　労働時間管理見直しの意義

理の仕組みが、現場で適切に運用される仕組みにできているか？」といった手順で検討をしていくことになります。

年間労働時間・日数を適正化する

 所定労働時間の点検と見直し

　労働基準法は、労働時間の上限を、1週で40時間、1日に8時間以内と定め、毎週少なくとも1日の休日を与えなければならないことを定めています。企業は、就業規則において、法定の範囲に収まるように、所定労働時間や所定休日を定めているわけですが、働き方改革の検討をスタートするにあたり、まず所定労働時間、所定労働日数を点検してみることをお勧めします。

法定労働時間……労働基準法で定められている労働時間の限度
　　　　　　　　1週で40時間、1日に8時間
所定労働時間……会社が、法定労働時間の範囲内で定めた労働時間

　労働基準法が定める、1日8時間、1週40時間の法定労働時間の枠いっぱいで労働時間を設定した場合は、年間労働時間の上限は、2085時間となります。所定労働時間をこの上限いっぱいまで広げれば、それだけ、残業時間を抑制できることになります。

1年365日÷7日≒52.14週　①
年間労働時間＝①×40時間＝2,085時間

また、残業代単価は、「月給」を「１ヶ月の平均所定労働時間」で除して算出しますので、所定労働時間が長ければ長いほど残業単価を圧縮することができます。

所定労働時間による残業単価の違い（月給300,000円の場合）

所定労働時間　173.75時間　300,000円÷173.75時間＝1,727円×1.25＝2,159円
　　　　　　　160時間　　　300,000円÷　160時間　＝1,875円×1.25＝2,343円

所定労働時間を増やすことは、残業時間の圧縮と残業代の削減という意味で二重の効果があるといえます。

一方で、所定労働時間や所定労働日数（言い換えれば休日数）は、労働者側から見れば、労働条件として大きな要素であり、同業種・同規模の企業と比較して適切なものでなければ、人手不足の環境下では有能な人材を確保する上で大きなハンデとなります。

労務行政研究所が実施した「労働時間・休日・休暇等に関する実態調査」（2016年）によれば、現在の日本企業の年間平均総労働時間は1902時間39分となっており、自社の所定労働時間を見直す上で、一つの目安になります。

企業規模別にみた年間所定労働時間数の分布状況は、従業員数1000人を超えるいわゆる大企業は、1,850〜1,900時間、300人未満の中小企業では1,900〜1,950時間に分布しています。先に述べた法定労働時間の上限の2,085時間に近い所定労働時間を設定している会社もあります。

他にも、厚生労働省による業種別の統計データや、労働団体の資料、各社のリクルート情報をもとに、他社に引けをとらない水準を検討することとなります。

以上のように、労働者にとって魅力のある労働条件であること、同業種・同規模水準の企業と遜色がなく採用に悪影響がでないこと、実際に

発生している労働時間を踏まえて現実的な水準であることなど、相反する要素を踏まえて落としどころを決めることが必要です。

図表3−2　所定労働時間・労働日数の検討要素

2　休日の見直しを行う

　所定休日については、所定労働時間を併せて検討することが必要です。労働基準法では、休日は原則として1週間に最低1日与えればよいとされています（労働基準法第35条）が、週の法定労働時間は40時間までと定められているため、1日の所定労働時間が8時間の場合、週の所定労働日数は5日（週40時間÷8時間＝5日）、休日は2日とせざるを得ません。

　しかし、1日の所定労働時間が7.5時間であれば、7.5時間×5日＝37.5時間ですので、週の所定労働日を1日増やして2.5時間勤務させることも可能です。同様に、1日の所定労働時間が7時間であれば、7時間×5日＝35時間で、所定労働日を1日増やして5時間勤務させることができます。

　このように、年間所定労働時間が同じ場合であっても、企業の業務に合わせて、休日数を調整することが可能であるということです。

図表3－3　法定労働時間と休日の関係

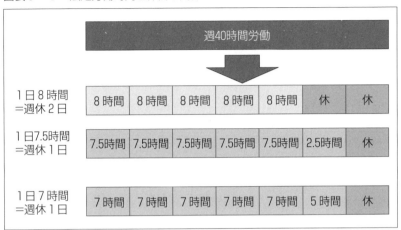

　もちろん、年間所定労働時間が多い企業と同様に、休日の少ない企業は敬遠されますので、やはり両方の側面から慎重に論議されなければなりません。

　休日を検討する中で、注意していただきたいのは、「休日」と「休暇」をしっかり区分することです。「休日」は「労働義務がない日」を言い、「休暇」とは「労働義務がある日に労働義務を免除するもの」を言います。

　典型的な例として、いわゆる"夏休み"を、「夏季休日」として、次の就業規則（例）のように、「休日」として規定すれば、所定休日数を多くすることとなり、結果、年間の所定労働時間が少なくなるため、残業単価が上がることにつながります。

　一方、「夏季休暇」として定め、所定労働日に個別に休むとした場合は、「休暇」となり残業単価は抑えることができます。

第3章 労働時間管理の仕組みを変える

図表3－4　就業規則規程（例）

第○条　休日は、次のとおりとする。
（1）　日曜日
（2）　土曜日
（3）　国民の祝日
（4）　夏季休日（8月○日から○日までの○日間）
（5）　年末年始（12月○日から1月○日までの○日間）
（6）　その他会社が指定する日

第3節 業務の実態にあった労働時間管理制度を導入する

  労働実態を把握することからはじめよう

　長時間労働の原因を洗い出すために、まずは自社の部門・職種ごとに、労働時間を正確に把握することが不可欠です。

　具体的には、所定外労働や休日労働が、各部門・職種で、一年間を通じてどのように発生しているのか、日単位、週単位、月単位でその傾向を分析することが必要です。

図表3－5　部門別の残業発生状況の把握イメージ　　　　　（単位：時間）

	残業時間（月間）			特記事項
	最小	最大	平均	
総務・経理	0	45	20	月末が繁忙期
営業	20	80	60	外勤労働の比重が高い
製造	0	45	20	製造量により大幅に変動
開発	45	100	80	慢性的な長時間労働
仕入	0	30	15	比較的残業は少ないが、個人毎の格差が大きい
販売	0	80	45	

　労働実態の現状把握ができれば、業務の実情にあわせて休日の設定をしたり、一日の営業時間の中での勤務シフトを見直したりすることで、必要な時間帯に最適な人員を配置することができ、結果、労働時間の削

第3章　労働時間管理の仕組みを変える

減につながります。

　また、労働基準法上認められた「裁量労働制」「みなし労働時間制」「変形労働時間制」「フレックスタイム制」などを合法的に活用することで、さらに所定外労働が発生しない仕組みを構築することができます。

図表3－6　「労働時間管理制度」検討の流れ

```
┌─────────────────────────────────┐
│      部門・職種毎の労働実態を把握する      │
└─────────────────────────────────┘
                 ↓
┌─────────────────────────────────┐
│        休日・休暇の見直しを行う         │
└─────────────────────────────────┘
                 ↓
┌─────────────────────────────────┐
│          勤務シフトを見直す           │
└─────────────────────────────────┘
                 ↓
┌─────────────────────────────────┐
│        変形労働時間制を活用する         │
└─────────────────────────────────┘
                 ↓
┌─────────────────────────────────┐
│       フレックスタイム制を活用する        │
└─────────────────────────────────┘
                 ↓
┌─────────────────────────────────┐
│         裁量労働制を活用する          │
└─────────────────────────────────┘
                 ↓
┌─────────────────────────────────┐
│   事業場外労働のみなし労働時間制を活用する   │
└─────────────────────────────────┘
                 ↓
┌─────────────────────────────────┐
│      管理監督者の合法的な範囲を定める      │
└─────────────────────────────────┘
```

第3節　業務の実態にあった労働時間管理制度を導入する

 勤務シフトを見直す

 時差出勤制度を検討する

　残業が発生する原因の一つに、特定の時期・時間帯に業務が集中することがあります。にもかかわらず、時期毎、時間帯毎に人員配置を変える工夫をしていない企業があります。繁忙期に人員不足が生じていたり、逆に閑散期に人員の余剰がある場合、必要が無いのに長時間労働となり、その結果として無駄な残業代が発生している恐れがあります。部門別・個人別の労働時間の実態を把握したうえで、マンパワーの偏りを平準化することで、長時間労働を改善することにつながります。

　そのための仕組みとしては、後述する「変形労働時間制」や「フレックスタイム制」を導入する方法もありますが、「時差出勤制」を導入することで、業務の繁忙に対応できるケースもあります。

　「時差出勤制」は、1日の労働時間はそのままに、始業・終業時刻の繰り上げ・繰り下げを行う制度です。具体例をあげると、出荷業務は、「夕方以降の時間帯が忙しく、午前中はそれほど忙しくない」という場合、就業時間を全社員一律にしているならば、夕方以降の労働時間に対して残業が発生してしまいますが、出社時間を2時間後にずらすことで、残業を所定内に収めることができます。職場ごとに、「早番」「遅番」など業務実態に合わせた勤務シフトを組むことで、労働時間をコントロールすることができます。

　「時差出勤制」は、原則として1日の所定労働時間を変えないことが前提ですが、「変形労働時間制」を組み合わせ、1日、1週の労働時間を変動させることで、さらにきめ細かい勤務シフトを組むことも可能となります。

69

第3章　労働時間管理の仕組みを変える

　また、「時差出勤制」の応用として、始業時刻を固定せず一定範囲で始業時刻を社員の選択に委ねることもできます。一見、後述するフレックスタイム制と似ていますが、所定労働時間勤務しなければならない点で、フレックスタイム制とは異なり、労務管理が簡便となることもメリットのひとつに挙げられます。

図表3－7　フレキシブルな時差出勤制

```
   7時 8時 9時 10時 11時 12時 13時 14時 15時 16時 17時 18時 19時 20時
        時差出勤時間
 社員A                                              どの時刻に
 社員B                                              出勤しても
 社員C                                              所定労働時
 社員D                                              間は同じ
```

② 休憩時間を見直す

　業務の実態に合わせて勤務シフトを組む際に、休憩時間について見直すことも検討して下さい。

　労働基準法は、休憩時間を次の通り定めています。

図表3－8　休憩の時間（労働基準法第34条）

労働時間が6時間以下の場合	休憩は不要
労働時間が6時間を超える場合	最低45分の休憩を与えなければならない
労働時間が8時間を超える場合	最低60分の休憩を与えなければならない

70

第3節　業務の実態にあった労働時間管理制度を導入する

図表3－9　休憩の与え方の3原則（労働基準法第34条）

中途に与える	労働時間の中途に与えなければならない
一斉に与える	原則…一斉に与えなければならない 特例…業種によって例外的に一斉に休憩を与えないことが認められている また、労使協定があれば一斉に与えないことも可能
自由に利用させる	休憩時間は自由に使わせなければならない

　休憩時間については、時間の長さや一斉に与えることについては決まりがありますが、与える回数等については決まりがありません。つまり、所定労働時間の間に、複数回の休憩時間を設定することができるということです。また、与える長さについても、最低45分以上与えなければなりませんが、逆に言うと、90分与えても、120分与えても構わないということになります。

　例えば、所定労働時間を8時間として、午前中30分＋昼60分＋午後30分＋夜30分＝合計150分の休憩を与えることができれば、10時間30分拘束することが可能となり、企業の営業時間に合わせた人員体制を取ることができます。しかし、こういった複数回の休憩時間を設定したとしても、実際に休憩が取得できていない場合は、その時間については労働時間となりますので、きちんと休憩をとらせることが前提です。

図表3－10　所定労働時間と拘束時間

もちろん、残業代が出ないにもかかわらず拘束時間が長ければ、働く側の社員にとってみれば悪条件ですから、納得性が得られるだけの処遇

第3章　労働時間管理の仕組みを変える

を検討することが必要になります。

 変形労働時間制を活用する

　変形労働時間制とは、1ヶ月や1年といった一定の期間を平均して1週間の平均労働時間を40時間以下にすることによって、特定の日または週に、8時間や40時間を超えて労働させることができる制度のことをいいます。この変形労働時間制には、1ヶ月単位の変形労働時間制、1年単位の変形労働時間制、1週間単位の非定型的変形労働時間制の3種類があります。

　経理職で決算業務のため月末・月初が忙しい場合や、製造業で生産工程や納期の関係により特定の時期に業務が集中する場合、また小売業でバーゲンやお歳暮・お中元の時期が忙しい場合など、特定の日や季節により業務に繁忙の差がある業種や職種については、変形労働時間制を採用することにより、労働時間（残業時間）を削減することが可能になります。

 1ヶ月単位の変形労働時間制（労働基準法第32条の2）

　「1ヶ月単位の変形労働時間制」は、変形労働時間制の中で、最も導入がしやすく、基本的な制度であるといえます。

　月初や月末、または週明けや週末に業務が集中するなど、1ヶ月以内のスパンで見て業務に繁閑の差がある場合や、工場や店舗において業務の都合により1回の勤務が8時間を超える場合などに、その繁忙日・週の労働時間を延長し、その分、閑散日・週の労働時間を短縮することによって、1ヶ月の期間を平均して週の労働時間が40時間以内に収まるようにします。週の平均労働時間を40時間以内に収めるというのは、実際には、月の総労働時間が、次の式で計算される法定労働時間の総枠を超

72

えないようにするということになります。１ヶ月単位の変形労働時間制における月の労働時間数の上限は、暦日数ごとに次のとおりです。

図表３―11　１ヶ月単位の変形労働時間制における月の労働時間数の上限

暦日数	労働時間の総枠
31日の月	177. 14時間
30日の月	171. 42時間
29日の月	165. 71時間
28日の月	160. 00時間

　１ヶ月単位の変形労働時間制の導入にあたっては、就業規則または労使協定その他これに準ずるものにより、次の事項を定めます。

①　変形期間と起算日
②　対象となる社員の範囲
③　変形期間内の各日・各週の所定労働時間
④　各日の始業・終業の時刻、休憩時間、休日

　①の変形期間は、１ヶ月以内の期間であれば、２週間・１週間などを単位とすることもできます。また、起算日は、必ずしも１日である必要はなく、残業代の計算をしやすくするために賃金計算期間の初日を起算日とすることも可能です。
　②の対象者については、職種ごとに区分して複数の変形労働時間制を同時に設けることも可能になっています。
　なお、労使協定の場合、④は不要ですが（別に就業規則で定めておきます）、その代わりに労使協定の有効期間を定めなければならず、さらに労働基準監督署への届出が必要といった具合に手続きが煩雑になりま

第3章　労働時間管理の仕組みを変える

すので、就業規則により定めることをお勧めします。

前節でご説明したとおり、この変形労働時間制のもとで「勤務シフト」制をとることで、業務の繁閑に合わせてマンパワーを適正化し、残業の発生を抑制することができます。

図表3－12　1ヶ月単位の変形労働時間制イメージ

平均して週40時間
＝(35+35+45+45)/4

第1週　35時間
第2週　35時間
第3週　45時間
第4週　45時間

割増なし

 ② 1年単位の変形労働時間制（労働基準法第32条の4）

1年単位の変形労働時間制は、1ヶ月超～1年以内で設定した期間について、平均して法定労働時間（週40時間）の枠内におさめることを前提に、1日8時間、1週40時間を超えて労働させることができる仕組みです。

例えば、次の図のように、1年のうち7月と12月が繁忙期で残業が多いが、それ以外の時期はさほど忙しくない、といった場合に導入すると効果的です。

図表3−13　繁忙期がある例

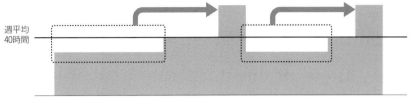

　また、年間を通じて特に繁忙期というものはないけれど、営業日が多いために1週6日の勤務日を設ける必要のある企業が採用する例もあります。
　次の事例では、休日を日曜日、隔週土曜日、国民の祝日（計90日）としています。
　この場合、1日の所定労働時間は、最大で約7時間30分（年間労働時間の上限2085時間÷(365日−年間休日90日)）とすることができます。つまり6日連続で勤務させる週があっても、休日出勤による割増賃金は発生しないのです。

第3章　労働時間管理の仕組みを変える

図表3—14　年間休日カレンダーで1週6日の勤務日を設ける例

1月（休日9日）

日	月	火	水	木	金	土
1	2	3	4	5	6	7
8	9	10	11	12	13	14
15	16	17	18	19	20	21
22	23	24	25	26	27	28
29	30	31				

2月（休日6日）

日	月	火	水	木	金	土
				1	2	3	4
5	6	7	8	9	10	11
12	13	14	15	16	17	18
19	20	21	22	23	24	25
26	27	28	29			

3月（休日7日）

日	月	火	水	木	金	土
					1	2	3
4	5	6	7	8	9	10
11	12	13	14	15	16	17
18	19	20	21	22	23	24
25	26	27	28	29	30	31

4月（休日8日）

日	月	火	水	木	金	土
1	2	3	4	5	6	7
8	9	10	11	12	13	14
15	16	17	18	19	20	21
22	23	24	25	26	27	28
29	30					

5月（休日9日）

日	月	火	水	木	金	土
		1	2	3	4	5
6	7	8	9	10	11	12
13	14	15	16	17	18	19
20	21	22	23	24	25	26
27	28	29	30	31		

6月（休日6日）

日	月	火	水	木	金	土
					1	2
3	4	5	6	7	8	9
10	11	12	13	14	15	16
17	18	19	20	21	22	23
24	25	26	27	28	29	30

7月（休日8日）

日	月	火	水	木	金	土
1	2	3	4	5	6	7
8	9	10	11	12	13	14
15	16	17	18	19	20	21
22	23	24	25	26	27	28
29	30	31				

8月（休日6日）

日	月	火	水	木	金	土
				1	2	3	4
5	6	7	8	9	10	11
12	13	14	15	16	17	18
19	20	21	22	23	24	25
26	27	28	29	30	31	

9月（休日8日）

日	月	火	水	木	金	土
						1
2	3	4	5	6	7	8
9	10	11	12	13	14	15
16	17	18	19	20	21	22
23	24	25	26	27	28	29
30						

10月（休日7日）

日	月	火	水	木	金	土
	1	2	3	4	5	6
7	8	9	10	11	12	13
14	15	16	17	18	19	20
21	22	23	24	25	26	27
28	29	30	31			

11月（休日8日）

日	月	火	水	木	金	土
					1	2	3
4	5	6	7	8	9	10
11	12	13	14	15	16	17
18	19	20	21	22	23	24
25	26	27	28	29	30	

12月（休日8日）

日	月	火	水	木	金	土
						1
2	3	4	5	6	7	8
9	10	11	12	13	14	15
16	17	18	19	20	21	22
23	24	25	26	27	28	29
30	31					

　1年単位の変形労働時間制は、1ヶ月単位の変形労働時間制と比べると法の規制が厳しいのがネックですが、1年間の業務量の変動が予測できる業種には、労働時間（残業時間）の削減メリットが大きいことがご理解いただけると思います。

フレックスタイム制を活用する

　フレックスタイム制とは、1ヶ月以内の一定期間内において一定時間数労働することを条件として、1日の始業・終業時刻を社員が自由に決定することができる制度です。

　フレックスタイム制は、一定の期日までにタスクを完了すれば、日々は細かい時間的制約を受けない仕事の進め方ができる職種—総務・経理等の管理部門、営業部門、研究開発部門等に向いている制度です。反面、製造現場や建設現場のように取引先の影響を受けたり、グループや事業場全体で業務を遂行していくような業種には適していません。

　フレックスタイム制を導入するには、就業規則その他これに準ずるものに、始業終業時刻の決定を社員に委ねる旨を規定し、労使協定により次の事項を定めます。なお、労働基準監督署への届出は不要です。

---

① 対象社員の範囲
② 1ヶ月以内の清算期間と起算日
③ 清算期間中の総労働時間
④ 標準となる1日の労働時間
⑤ 社員が必ず勤務しなければならない時間帯（コアタイム）を設ける場合、その開始および終了時刻
⑥ 社員が選択により労働することができる時間帯（フレキシブルタイム）に制限を設ける場合、その開始および終了時刻

---

① 対象社員の範囲

　全社員を対象とすることも可能ですが、中にはフレックスタイム制が馴染まない職種もあります。そのため、職種、部署等、対象社員の範囲

第3章　労働時間管理の仕組みを変える

を定めて導入すると効率的な運用が可能になります。

② 清算期間

清算期間は1ヶ月以内でなければなりません。労働時間と残業代の計算上、賃金計算期間と合わせる場合が多いようです。

また、フレックスタイム制の清算期間を丸々1ヶ月とるのではなく、例えば1日から20日までとし、残りの期間を通常の勤務とすることも可能です。

③ 清算期間中の総労働時間

総労働時間とは、清算期間中に労働しなければならない時間（所定労働時間）のことであり、総労働時間は法定労働時間を超えないように定めなければなりません。

④ 標準となる1日の労働時間

清算期間中に年次有給休暇や特別休暇を取得した場合、あらかじめ定めておいた、標準となる1日の労働時間を勤務したものとみなします。なお、この「標準となる1日の労働時間」は、総労働時間を、清算期間中の所定労働日数で除した時間を基準にして定めます。

⑤ コアタイムとフレキシブルタイム

「コアタイム」とは、社員が必ず勤務しなければならない時間帯、「フレキシブルタイム」とは、社員が選択により労働することができる時間帯で出・退社も自由です。コアタイムとフレキシブルタイムは、必ずしも定めなければならないものではありませんが、コアタイムを設けることで、コアタイム中であれば、朝礼やミーティング等の召集を命じることが可能です。また、フレキシブルタイムを設けない場合はいわゆる「完全フレックスタイム制」となります。社員は24時間好きな時間に出・退社をすることができ、社内秩序の維持・安全配慮義務の観点からあまり好ましいものではありません。

具体的な例をあげると、「月曜日は朝9時から朝礼を行う」、といった

場合は、コアタイムを午前9時から午後2時までと設定することで、朝礼の出席を義務づけたり、深夜時間帯（午後10時から翌午前5時までの時間帯）に勤務をさせたくない場合は、フレキシブルタイムを始業午前5時以降、終業午後10時まで、と設定することで、深夜勤務を禁止することが可能になります。

図表3－15　フレックスタイム制の例

なお、コアタイムがほとんどでフレキシブルタイムが極端に短い場合や、始業時刻・終業時刻のうちどちらか一方だけを社員の決定に委ねている場合、また始業から必ず8時間は勤務することを義務付けている場合などは、フレックスタイム制とはみなされないことがありますので、注意が必要です。

 裁量労働制を活用する

　裁量労働制とは、業務の性質上その遂行の方法を大幅に労働者の裁量に委ねる必要があり、業務の遂行の手段および時間配分の決定等に関して使用者が具体的な指示をすることが困難な業務に従事する者について、実際に労働した時間にかかわらず、労使協定または労使委員会の決議によって定められた一定の時間を労働したものとみなす制度です。

　たとえ裁量労働制の対象業務に該当する業務であっても、「業務の遂行手段や時間配分の決定等について、具体的に指示を受ける場合」は、裁量労働制を適用することはできません。また、対象業務に従事してい

るが、あくまでも補助的な立場の場合や、対象業務以外の業務と兼務している場合なども、裁量労働制が認められない可能性が高くなります。

また、裁量労働制では、時間のコントロールを社員(裁量労働制の適用者)に委ねることになりますから、遅刻・早退に関して、賃金控除やペナルティーを課すことはできず、休憩時間の取得も社員の裁量に任せることになります。

裁量労働制といいながら、次の例のような労務管理を行っていると、問題となることもあるため注意が必要です。

図表3－16　裁量労働制の適正な運用として認められない例

- 対象業務に従事しているが、始業時刻に出勤して終業時刻まで在社することを義務付けている。
- 業務時間や仕事の進行はリーダーが管理しており、本人の裁量がない。
- 対象業務と、対象外の業務を兼務している。

なお、裁量労働制には、「専門業務型裁量労働制」と、「企画業務型裁量労働制」の2つがありますので、その内容をご紹介します。

 専門業務型裁量労働制（労働基準法第38条の3）

専門業務型裁量労働制とは、業務の性質上、業務の遂行手段や方法、時間配分等を大幅に社員の裁量に委ねる必要がある業務として厚生労働省令及び厚生労働大臣告示によって定められた以下の業務の中から、対象となる業務を労使で定め、社員を実際にその業務に就かせた場合、実際の拘束時間や労働時間に関係なく、労使であらかじめ定めた時間働いたものとみなす制度のことをいいます。

第3節　業務の実態にあった労働時間管理制度を導入する

図表3―17　「専門業務型裁量労働制」の対象業種

①	新商品、新技術の研究開発	⑪	金融商品の開発
②	情報処理システムの分析、設計	⑫	公認会計士
③	新聞、出版等の記事の取材、編集	⑬	弁護士
④	広告、工業製品等のデザイナー	⑭	建築士（1級・2級・木造建築士）
⑤	プロデューサー、ディレクター	⑮	不動産鑑定士
⑥	コピーライター	⑯	弁理士
⑦	システムコンサルタント	⑰	税理士
⑧	インテリアコーディネーター	⑱	中小企業診断士
⑨	ゲーム用ソフトウェアの創作	⑲	大学での教授研究
⑩	証券アナリスト		

　「専門業務型裁量労働制」を導入するためには、労使協定で次の事項を定め労働基準監督署に届け出ることが必要です。

労使協定で定める事項
① 　対象業務の範囲
② 　1日のみなし労働時間
③ 　業務の遂行方法、時間配分などについて従事する労働者に具体的な指示をしない旨
④ 　労使協定の有効期間
⑤ 　対象労働者の労働時間に応じた健康・福祉確保措置
⑥ 　苦情処理に関する措置
⑦ 　健康・福祉確保措置、苦情処理措置として講じた労働者ごとの措置の記録を協定の有効期間中および期間満了後3年間保存すること

　②の1日のみなし労働時間については、1日単位で定めなければならず、1週間や1ヶ月単位などでまとめて定めることはできません。また、対象業務で働く1人ひとりについて個別に定めるのではなく、対象業務

第3章 労働時間管理の仕組みを変える

単位で定めます。みなし労働時間を何時間と定めるかについては、「通常の人がその業務を遂行したらかかるであろう平均時間」を目安に決めることになります。企業が残業代を抑制したいために、一方的に労働時間を短くすると、社員に反対され労使協定が成立しないことや、強引に労使協定を成立させ社員に訴えられることもありますので、注意が必要です。

最後に、専門業務型裁量労働制だからといって、社員が勝手に休日を決めたり、変更したりすることはできません。裁量労働はあくまで所定労働日において有効ですので、休日は就業規則通りに与え、休日労働に関しては、別途管理し、休日労働時間に応じて別途割増賃金を支払うことが必要です。同様に深夜労働についても、実際の深夜労働時間に応じて割増賃金を支払わなければなりません。

 企画業務型裁量労働制（労働基準法第38条の4）

企画業務型裁量労働制の対象となるのは、企画の立案、調査、分析などの業務で、職種としては、専門職ではない総務、経理、財務、営業、広報、経営企画などの本社や事業所の運営部門が想定されています。

企画業務型裁量労働制の対象業務は、「事業運営に関する企画、立案、調査および分析を行う業務」とされ、次の2つに大別されます。

---

① 対象事業場の属する企業等に関わる事業の運営に影響をおよぼす事項
② 当該事業場に関わる事業の運営に影響をおよぼす独自の事業計画や営業計画

企画業務型裁量労働制を導入するには、まず、労使委員会を設置する必要があります。そして労使委員会で次の事項を委員の5分の4以上の多数決で決議して、労働基準監督署に届け出ます。

第3節　業務の実態にあった労働時間管理制度を導入する

① 　対象業務

② 　対象労働者の範囲

③ 　１日当たりのみなし労働時間

④ 　対象業務に従事する労働者の労働時間の状況に応じた健康・福祉確保措置

⑤ 　苦情処理に関する措置

⑥ 　労働者の同意を得なければならない旨およびその手続き、不同意労働者に
　　対する不利益な取扱いをしてはならない旨

⑦ 　健康・福祉確保措置、苦情処理措置として講じた労働者ごとの措置の記録
　　を協定の有効期間中および期間満了後３年間保存すること

⑧ 　決議の有効期間

　導入におけるポイントは、やはり③１日当たりのみなし労働時間で、「専門業務型裁量労働制」のところで述べたように、実際の労働時間と大きく乖離した時間にならないように設定することが必要です。

　企画業務型裁量労働制は、労使委員会での決議事項を労働基準監督署に届け出るだけでなく、制度導入後においても、その運用について、対象者の健康福祉の確保措置および苦情処理措置の実施状況と、労使委員会の開催状況を定期に（６ヶ月以内ごとに１回）労働基準監督署長に報告する必要があるなど、実際の運用において煩雑さが伴うため、その適用を受ける労働者は、全労働者の0.3％に留まっている状況です（厚生労働省「平成28年就労条件総合調査」による）。どちらかというと、大企業に適した仕組みであり、中小企業での導入は現実的でない制度と言えるでしょう。

83

第3章　労働時間管理の仕組みを変える

事業場外労働のみなし労働時間制を合法的に活用する

事業場外労働のみなし労働時間制の導入方法

　事業場外労働のみなし労働時間制とは、例えば「労働時間を1日8時間とみなす」と定めた場合、実際の拘束時間が10時間や7時間であったとしても、企業が正確な労働時間を把握することができないときには、実際の拘束時間や労働時間とは関係なく、労働時間を8時間とみなすことができるというものです。この制度の最大のメリットは、労働時間を正確に把握することができないような職種において、労働時間を画一的に取り扱うことができ、時間外労働の発生を抑制できることです。

　取材活動や出張、営業、ポスティング、飛び込み営業、アフターフォローとしての顧客周りなど、1日の多くの時間を社外での業務に費やし、何時に始まり何時に終わるか、企業で正確に把握することが物理的に困難なため労働時間のコントロールを社員の裁量に任せているような職種であれば適用の余地があります。

　しかし、次のような場合は、たとえ事業場外労働であっても、企業が労働時間を把握できるとされ、事業場外労働のみなし労働時間制を適用することができません。

- 社員の中に労働時間を管理する者がいる
- 無線や携帯電話で使用者の指示を受けながら仕事している
  （社内で指示を受け、社外で指示どおりに仕事をし、その後会社に戻る場合も同様）

　みなし労働時間制をとるためには、就業規則または労使協定で定める

ことが必要です。厚生労働省の通達では「突発的に生ずるものは別として、常態として行われている事業場外労働であって、労働時間の算定が困難な場合にはできる限り労使協定を結ぶよう指導すること」(昭63.1.1基発第1号）とあり、労使協定を結ぶことが望ましいとされています。労使協定でみなし労働時間を定める場合、みなし労働時間が法定労働時間（8時間）以下の場合は届出不要ですが、法定労働時間を超える場合は、労働基準監督署への届出が必要になります。

内勤と外勤が混在する場合の考え方

　事業場外労働のみなし労働時間制は、あくまでも「事業場外で勤務し」「労働時間を算定し難いとき」に、所定労働時間労働したものとみなすことができる制度ですから、外勤が多いからという理由だけで、常にみなし労働時間が適用できるわけではありません。

　例えば、終日内勤の日は、事業場外労働ではないため、みなし時間は使えませんし、外勤の日であっても時間管理をすることが可能な場合は「労働時間を算定し難いとき」には該当しないことから、みなし労働時間は使えないとなります。外勤と内勤が混在しているような社員について、すべての日を事業場外労働のみなし労働時間制により、残業はない、とする管理方法は、事業場外労働のみなし労働時間制を適法に運用しているとはいいきれず、行政指導の対象となる恐れや、労使トラブルに発展する恐れがあるため、注意が必要です。

　以下、事業場外労働のみなし労働時間制を採用した場合で、内勤と外勤が混在する場合の労働時間の管理についてご説明いたします。

① 　合算して所定労働時間以下の場合

　事業場外のみなし労働時間と社内での内勤時間の合算が、所定労働時間以下の場合、社内で労働した時間も含めて、所定労働時間労働したも

のとみなします。

●（例1）みなし労働時間4h、内勤3hの場合

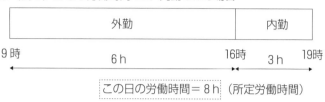

上記の例では、6時間外勤後、内勤を3時間行い、終業時刻は19時となっていますので、通常であれば1時間の残業が発生しますが、外勤時間を4時間とみなしているので、この日の労働時間は内勤時間を合算しても7時間と所定労働時間以下となり、この日の労働時間は所定労働時間の8時間とみなします。

② 合算して所定労働時間を超える場合

事業場外のみなし労働時間と社内での内勤時間の合算が、所定労働時間を超える場合、外勤時間と内勤時間を合算した時間を労働時間とみなします。

●（例2）みなし労働時間9h　内勤1hの場合

上記の例では、みなし労働時間9時間に内勤1時間を加算した10時間がこの日の労働時間となり、2時間の残業が発生します。

● (例3) みなし労働時間6h　内勤3hの場合

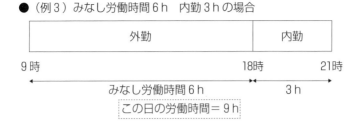

　上記の例では、みなし労働時間そのものは所定労働時間を超えていませんが、内勤時間合算すると所定労働時間を超えているので、みなし労働時間6時間に内勤時間3時間を加算した9時間がこの日の労働時間となり、1時間の残業が発生します。

 直行・直帰の移動時間の取扱い

　事業場外労働の場合、出張先への直行や直帰をする場合がありますが、この場合の移動時間が労働時間に該当するかについてご説明します。

　自宅から、会社への通勤時間は労働時間ではありませんが、これと同様、最初の訪問先へ直行する時間や、最後の訪問先から直帰する時間は通勤時間と同様に、原則として労働時間としてカウントする必要はありません。たとえ、新幹線や飛行機で移動に長時間要する場合であってもこれは同様です。一方、ケース2のように、一旦、会社に出社したあとの訪問先への移動時間や、最後の訪問先から会社に戻る時間については、すべて労働時間となりますので注意しなくてはなりません。つまり、事業場外労働が中心となる社員については、できれば直行・直帰をさせた方が、労働時間を抑えることができるということを意味しています。

　企業によっては、「直帰せずに一旦会社に戻る」ことが、組織風土となっている場合があると思いますが、モバイル機器・環境の進歩が著しい昨今ですから、直行・直帰を前提とした新しい仕事の仕方を検討すべきだと思います。

第3章　労働時間管理の仕組みを変える

（ケース1）

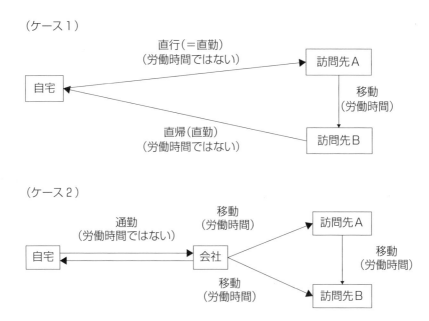

（ケース2）

 管理監督者の範囲を適正化する

　少し以前に、ファーストフード大手の店長が起こした訴訟を契機に、「名ばかり管理職」問題が、世間に大きな波紋を呼びました。

　労働基準法第41条第2号には、「監督若しくは管理の地位にある者」には、労働時間、休憩及び休日に関する規定は適用しない」、言い換えれば「労働時間に限度は無く、休憩や休日を与えなくてもよい」と定められています。

　また、厚生労働省の通達では、管理監督者の範囲について、次のような判断基準を示していますが、企業の実態を見ると、到底この基準を満たさない役職者が管理職として位置づけられていることがあります。

第3節　業務の実態にあった労働時間管理制度を導入する

図表3—18　管理監督者の判断基準（厚生労働省）

| ① 経営者と同じ立場で仕事していること |
| ② 出社、退社や勤務時間について厳格な制限を受けてないこと |
| ③ その地位にふさわしい処遇がなされていること |

図表3—19　労基法の「管理監督者」と企業の「管理職」のギャップ

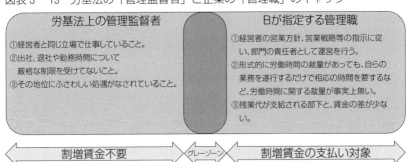

　したがって、法令遵守、リスク管理の視点からは、明らかに管理監督者として認められる場合でない限りは、通常の労働者として労務管理することを前提に、対策を検討することをお勧めします。

労働時間管理を徹底する
(デットラインアプローチ)

　社員が残業をする心理を考える上で、「パーキンソンの法則」という理論が参考になります。英国の歴史学者・政治学者であるシリル・ノースコート・パーキンソンが提唱したこの法則は、下記のとおりですが、この第一法則は、残業の発生要因を示しています。

第1法則：仕事の量は、完成のために与えられた時間をすべて満たすまで膨張する
第2法則：支出の額は、収入の額に達するまで膨張する

　つまり、「人は与えられた時間の分だけ、労働時間を膨張させるということになる」ということです。上司が部下に、「この仕事を今週中に仕上げてくれ」と指示を受ければ、たとえ頑張ってやれば1日で終わる仕事であっても、1週間の時間をかけてしまうものだということです。果たして皆さんの会社には、1週間の期限を前倒しして、翌日「出来ました」と言ってくる社員がいるでしょうか？
　こうした心理から逃れ、仕事のスピードを上げるためには、あらかじめ決められた「デッドライン」（必ず守る期限）を設けることが重要であると言われています。デッドラインを細かく設定し、早め早めの期限を意識させながら、仕事をさせていくことが、仕事のスピードを上げることにつながります。
　これを、労働時間管理という側面で考えた場合、会社として所定外労

第4節　労働時間管理を徹底する（デットラインアプローチ）

働を許容する上限を設定するような施策を講じ、デッドラインを段階的に引き下げることで、労働時間を抑制するという考え方です。

図表3―20　労働時間に上限を設定するデッドラインアプローチ
●最終退社時間の設定　　●休日出勤の制限
●時間外労働の申請制　　●ノー残業デーの設定
●勤務インターバル制

現状の労働時間

デットライン

目標労働時間

最終退社時間を決める、一斉消灯時間の設定

　1日の就業時間におけるデッドラインとして最たるものは、会社で許可する最終終業時刻を定めることです。

　厚生労働省は、平成29年から年1回午後8時に全館消灯し、職員が働けないよう部屋を施錠すると発表しました。働き方を推進する省庁としてして、まずは第1歩を踏み出したというところでしょう。

　民間企業でも、一斉消灯時間や、パソコンを使用できないように設定し、一切残業をできない環境を強制する事例も見受けられます。実際に実施した企業からは、「従業員がプライベートの時間を確保することができ、モチベーションアップにもつながっている」という効果が報告されています。企業にとっては人件費だけでなく、光熱費などの経費を削

減できるメリットもあります。

　後述するノー残業デーよりも、社員に対する継続的な意識付けの効果が期待できますので、まずは、現実的な上限時間からスタートして業務の実情に合わせてこれを引き下げるような取組みが良いでしょう。初年度22時、２年目21時、３年目20時といった決め方です。

　実際の運用にあたっては、やむを得ない事情があった場合、会社の許可を得て例外を認めることも必要だと思いますが、"例外"が"日常"にならないように、厳しい審査のうえ、許可していただくことが必要です。

　また、最終退社時間の設定の仕方も、次のパターンがありますので、会社の実態に応じて、これらを選択、組み合わせして実施するようにして下さい。

１．全社統一で、最終退社時間を設定する。
２．部署別に、退社時間を設定する。
３．個人ごとにその日の退社時間を決めてデスクに張り出す。

```
本 日 の 退 社 時 間
       19時
       営業部
     山田　太郎
```

 ノー残業デーを設定する

　「ノー残業デー」は、残業抑制策として最も広く実施されている制度

第4節　労働時間管理を徹底する（デットラインアプローチ）

で、経団連による「2016ワーク・ライフバランスへの取組み状況」によると、企業における長時間労働の削減の取組みとして、最も多い67.8%が実施している制度です。

　会社で1人だけ定時に帰るのは気が引けると考える人が多いなかで、「今日はノー残業デーだから早く帰ろう」と、職場の上司・同僚全員が定時に帰れば誰にも気兼ねする必要がありません。残業の発生要因の一つに、「職場に帰りにくい雰囲気がある」をあげる社員が多いように、定時退社を当然とする組織風土に変えるための意識改革を行うため、最初に取り組むべき施策です。

　社員にとっても、ワーク・ライフバランスの改善にもなりますし、資格取得や英会話などの自己啓発の時間を確保することにもなります。結果、企業にとっても人材育成、人材の定着などのメリットが期待できます。

　一般に、ノー残業デーは、週の半ばの毎週水曜日に実施している企業が多く、各種教室や、スポーツクラブ、エステなども、この需要を見込んだサービスを実施しています。もちろん、何日、何曜日に設定するかは、業種により異なりますので、次のパターンを参考に設定してみてはいかがでしょうか？

図表3―21　ノー残業デーの設定パターン

1．毎週○曜日、全社一斉の「ノー残業デー」を設定
2．部署単位で、「ノー残業デー」を設定
3．個人単位で、「ノー残業デー」を設定

　「ノー残業デー」を取り入れたものの、すでに形骸化してしまったという企業も多いのではないでしょうか？　うまくいかなかった理由は様々だとは思いますが、これを回避する一般的な方法としては、次の対策が考えられます。

第3章　労働時間管理の仕組みを変える

図表3―22　ノー残業デーの実効性を確保するための施策

1．「ノー残業デー」は企業施策として実施する旨のトップメッセージを発し、グループウエア、ポスター、社内放送、社員掲示板等で繰り返し周知する。 2．「ノー残業デー」の残業申請については、上司による許可を厳格化する。 　（申請理由に、申請するに至った経緯、今後の改善方法など記載させる。） 3．やむを得ない事情が有り許可した場合であっても、振替取得させる。 4．実施日には、（経営幹部・労組役員）による職場の巡視や、企業の強い意思を示す。 5．ノー残業デーは、消灯、空調の停止を行い、残業する場合は決まった残業スペースで仕事をする。 6．ノー残業デーの遵守率を、管理職の評価要素に加える。

　最近は、ノー残業デーから派生した制度として、「ノー残業週間」や「ノー残業月間」といった取組みも見られるようになりました。また、残業を少なめにするという意味合いで、「ロー（low）残業」という呼び名の制度や、「19（いく）時（じ）に帰ろう月間」といったスローガンを掲げるなど、ワーク・ライフバランスの浸透をはかるための、多様な取組みの工夫をする企業が増えています。

　また、平成29年2月には、政府と経済界が推進する「プレミアムフライデーもスタートしました。「プレミアムフライデー」は、月末の金曜日の退社時刻を午後3時に繰り上げる制度で、まだまだ浸透するに至っていませんが、自社での実現可能なアレンジを加えて考えるなど前向きに取り組むことで働き方改革につながると思います。

時間外労働・休日労働を事前申請制にする

 残業は管理職が判断して行わせる

　前節で、企業の業務実態に合わせ「労働時間管理制度」を採用するこ

第4節　労働時間管理を徹底する（デットラインアプローチ）

とが重要であることをご説明しました。せっかく、変形労働時間制、フレックスタイム制や裁量労働制等の仕組みを採用しても、管理職が、無秩序に社員に働かせていれば、残業が減るはずがありません。「労働時間管理制度」は、管理職による労働時間マネジメントによって初めて効果が出ると言っても過言ではありません。

　実際の企業においては、残業を「する、しない」「何時間するか」について、個々の社員に任せている場合が多いのも事実です。こうした企業で、残業が妥当な範囲に収まっているならば別ですが、長時間労働の体質にあるのであれば、ここにメスを入れる以外に方法はありません。

　具体的には、時間外労働や休日労働については、事前に『時間外労働申請・承認書』を提出させ、企業（上司）が承認したものだけを時間外労働として取り扱うよう管理することが必要です。実際の、『時間外労働申請・承認』には、次の項目を設けると良いでしょう。

---

①　時間外労働をしなければならない業務上の理由（詳しく）
②　時間外労働において行う業務内容
③　予定される時間外労働時間数

　これらの申請内容を管理職が判断し、急を要するもの、または所定時間外においてしなければならない合理性を有するものでなければ、時間外労働を認めないこととし、不要な残業を回避することで、残業時間を削減することにつながります。就業規則に、こうしたルールを明記したうえで、仮にこうした申請・承認のプロセスをとらず残業した場合は、原則として労働時間と認めないことも規定しておくようにしましょう。

　ただし、企業（上司）が直接残業を指示あるいは承認をせず、社員が自発的に残業した場合で上司がこれを黙認していたならば、「黙示の残業指示」をしていたものとして労働時間であると判断された判例もあり

95

第3章 労働時間管理の仕組みを変える

ますので注意が必要です。

休日出勤も同様に、事前申請をさせなければなりませんが、平日の時間外労働よりもさらに厳しく管理することが必要です。その理由は、同じ所定外労働時間であれば、休日労働が含まれる方が、通常の時間外労働のみよりも心身の疲労が蓄積され易く、可能な限り平日で仕事を完結できるように管理すべきだからです。やむを得ず承認する場合であっても、1週間に1日の休日を確保することは最低限守らなくてはなりません。

 残業時間数の上限時間を意識させ守らせる

次に、労働時間数の管理ですが、36協定に定めた延長時間や、企業が目標として定めている月間の上限時間などに対して、日単位、月単位、年単位での進捗を管理する必要があります。

例えば、36協定に定めた延長時間が月間45時間とした場合、1ヶ月の勤怠が締まったあとで、結果超えてしまったというようなことにならないようにするには、管理職が日々管理するほかありません。管理職の皆さんから、「ただでさえ、毎日忙しいのに、そんな余裕はない」という声が聞こえてきそうですが、これより他の方法はありません。こうした負担を軽減するためには、人事部門が半月単位や週単位で、社員ごとの残業時間数の途中集計を管理職にフィードバックして警告するような仕組みを構築することが必要です。また、最近は、優れた「パソコン勤怠管理システム」がありますので、これを導入し、リアルタイムで「本人」「上司」が進捗管理を行い、さらに設定した時間数を超えれば、パソコン上に「警告」が出て注意を促すことまでできるようになっています。

万が一、やむを得ず上限時間を超えることとなった場合は、企業は、「本人」「上司」に、「なぜ上限時間を超えることとなったか」「今後の同じことにならないようにするためにどうすべきか」について、報告書を

第4節　労働時間管理を徹底する（デットラインアプローチ）

提出させなくてはなりません。ここで、注意していただきたいことは、社員本人あるいは上司が、残業実態を隠蔽し、「サービス残業」となることです。管理職には、法令や労務管理の基本的な知識について啓蒙し、コンプライアンス違反がないように、厳しく管理しなくてはなりません。

第4章

仕事のムリ・ムダ・ムラをなくす

第4章　仕事のムリ・ムダ・ムラをなくす

　長時間労働の削減・働き方改革を進めるための次のステップは、仕事のやり方そのものを変えることです。第2章第1節でご説明したように、「仕事」そのものに起因する残業発生要因は次の3つに分類できます。これらを一つひとつ分析して対策を講じることが、必要となってきます。

「ムリ」……無理な「事業モデル」から残業となっている状態

「ムダ」……非効率な業務が多く残業になっている状態

「ムラ」……仕事の偏りにより残業が発生している状態

図表4－1　長時間労働削減のステップ

ステップ1 組織風土を変える	ステップ2 労働時間管理の仕組みを変える	ステップ3 仕事のやり方を変える

ステップ3－1 ムダな仕事を削る 会議・決裁・メール・電話・資料など	ステップ3－2 ムリな仕事をさせない 業務平準化・朝型勤務・テレワーク・顧客対応・社員の能力向上	ステップ3－3 ムラを平準化する 権限委譲・業務分担・多能工化推進

100

ムダな仕事を削る

 会議の効率化

　社員に「仕事の中でムダだと思うものは何ですか？」と尋ねれば、真っ先に「会議が多い」「会議が長い」「結論の出ない会議」と言った答えが返ってくる企業が多いのではないでしょうか？　はじめに、会議の効率化について考えてみましょう。

　本来、会議は、それぞれ参加者が情報や意見を持ち寄り、それを材料にして、新しいアイデアを生み出す場であったり、情報共有の場であったり、意思決定の場であったりと、どれも重要な事ばかりです。しかし、「１回あたりの会議時間が長い」「毎日のように会議がある」など気付けば日常業務に支障を来たしているケースが多々見受けられます。

　そんな会議の効率化を図るポイントを以下に４つ挙げています。

① 　会議の分析調査

　会議の効率化を図るにあたって、はじめに、次の４つの項目に関して洗い出しを行います。洗い出しを行った上で、それぞれの項目に関して削減できる点がないか判断します。削減できる点は削減し、会議自体を必要最低限な状態に絞り込みます。

　・会議の数
　・開催頻度
　・時間数
　・参加人数

② 目的と到達目標の明確化

　会議を始める前に、会議の目的と到達目標を明確にします。明確にすることで、議論の方向性を一定に保ち、ムダな会話を無くすことができます。議題が複数ある場合は、各議題に対しての時間配分を明確にすることも重要です。

③ 会議時間の厳守

　会議の時間を厳守するために、必ず進行役を一人設けましょう。議論が脱線したり、必要以上に時間を使っている場合は、進行役の人が舵を取り、脱線した会話を戻したり、時間管理をしたりすることが重要です。また、参加者全員に時間を意識させるために、タイマーを使用する方法も効果的です。

④ 前日までに資料を配布

　会議資料に関しては、前日までに参加者に配布して、資料に目を通して貰うようにしましょう。資料を当日に配布すると、資料確認に時間が取られたり、議論に集中できないなどの問題が発生しがちです。また、参加者は事前に配られた資料をもとに、議論することや質問事項を整理しておくのが良いでしょう。

【事例紹介】

・事例1

　会議中にタイマーをプロジェクターに映し出すルールを徹底。参加者全員に時間意識が生まれ、効率的に会議が進行するようになった。

・事例2

　会議資料を前日に配布し、会議が始まるまでに出席者全員に資料に目を通しておくことを義務付け。これによって会議時間が短縮さ

れた。
・事例3
　会議は、椅子に座らず立ったまま行うこととした。
（スタンディングミーティング）
・事例4
　各会議の所要時間を把握し、総労働時間に占める会議時間の割合を算出。議事の絞りこみ・議事進行の標準化・参加人数の見直しをはかり総会議時間を圧縮した。
・事例5
　会議中は、メールや電話は禁止し、出席している会議に完全に集中させることを徹底した。
・事例6
　会議参加者の人件費の合計額を、分単価で毎回発表し、会議にかかるコストを意識させるようにした。

決裁の迅速化

　社内で一つの決裁を通すのに、何人もの承認・決裁が必要で時間が掛かったり、承認者・決裁者が不在で決裁が滞ったりと、いつまでも決裁業務が進まないといったことがよく見受けられます。

　このようなことを改善する決裁迅速化のポイントとしては、以下の3つが挙げられます。

① 決裁権限の整理

　まずは、部門別に決裁が必要な事項のリストアップを行います。リストアップが終わったら、一つひとつの事項に対して「申請者」「承認者」

第4章　仕事のムリ・ムダ・ムラをなくす

「決裁者」を決定します。決定したものは、一覧表にし、規程化してお
くことをお勧めします。

図表4－2　組織関係規程の例

名　称	内　容
組織規程	会社組織において、各部門の役割を定めたもの
職務分掌規程	会社組織において、各部門に配分された一定範囲の責任を定めたもの
職務権限規程	各社員に割り当てられた責任を遂行する為の権限とその限界を定めたもの
稟議規程	文書で決裁・承認を求める方法を定めたもの

②　ワークフローシステムの導入

　社内での決裁権限の整理が終わったら、紙文書で行っていた、承認・
決裁業務をシステム化するワークフローシステムを導入します。ワーク
フローシステムを導入することで、紙文書の場合に生じていた、書類の
印刷・移動、進捗確認、差し戻し時の修正などの手間が省け、作業の効
率化に繋がります。

③　スマートフォン／タブレット／ノートPCの導入

　ワークフローシステムの導入完了後は、社内決裁に関して申請者にな
ることが多い人や承認者・決裁者に対して、スマートフォン・タブレッ
ト・ノートPCなどの情報通信機器の導入を検討します。これらの情報
通信機器を導入することで、外出先や移動時間中も申請や承認・決裁が
可能になるため、決裁の迅速化に繋がります。

104

【事例紹介】
・事例1
　紙文書の稟議書で決裁業務を行っていたが、決裁完了までに1週間程を要したり、稟議がどこに回っているか不明であった。ワークフローシステムを導入し、決裁完了までの時間が当日〜翌日に短縮された。
・事例2
　組織運営を根本から見直し、特に決裁権限について企業経営上の観点、リスク対策、事業運営の効率性の観点などから見直して、必要に応じて権限を下に降ろすなど効率化を行い、業務の効率化に繋げた。

3　メールの効率化

　今やメールは、社内・社外問わず、連絡手段、情報共有のための、必要不可欠なコミュニケーションツールになっています。ビジネスマンは、1日2時間半をメール処理に費やしていると言われ、皆さんも実際に「メール対応だけで1日の大半を費やしてしまった」という経験はないでしょうか。現代では、仕事のムダを削減するという観点で、メールの効率化は大きなテーマと言って良いでしょう。

　仕事におけるメール処理は、「チェック（読む）」「書く」「探す」、という作業に分解されます。企業として、こうした作業を、どのように効率的に行うかについて指導しているケースは稀で、個人レベルが見よう見まねでやっているのが実情ではないでしょうか？

　改善のポイントとしては、

第4章　仕事のムリ・ムダ・ムラをなくす

① 「チェック」「書く」「探す」のそれぞれを減らす・なくす

　・不要なメーリングリスト、メールマガジンの停止

　・メールを送る際に、不必要な相手先（CC、BCC）を入れない。

　・メール処理をする時間を設定して、一気に処理する

　・箇条書きを心がけ、文章を簡素化する。

　・類似内容メール、定型メールを雛型化する。

　・自動振り分け機能を活用し、アーカイブ機能で検索スピードを上げる。

② 　パソコンの機能をフル活用する

　パソコン「単語の登録」機能を使い、よく使う文章を登録しておくと、メール本文の入力を省略することができます。些細な時間ですが、1通の作成にかける時間を短縮すれば、大幅な労働時間削減につながります。

「いつ」と入力し変換→「いつも、大変お世話になっております。」

「よろ」と入力し変換→「何卒よろしくお願い申し上げます。」

「とり」と入力し変換→「とりいそぎ用件のみにて失礼致します。」

---

③ 　「ビジネスチャット」を導入しメールを使い分ける

　近年急速に、ビジネスチャットと呼ばれるサービスが、メールに代わるコミュニケーションツールとして普及しています。1対1や、グループで、短い文章で会話をするようにコミュニケーションするもので、個人に普及している「LINE（ライン）」に近いイメージです。

　メールとの使い分けとしては、主に社内でのやり取りついてはチャット、外部とはメールというパターンが多いですが、外部であっても継続的・定期的なやり取りを行う場合は、チャットを使った方がコミュニケーションのスピード、効率が上がるといわれています。

106

第1節　ムダな仕事を削る

【事例紹介】
・事例1
　メール作業を効率化するルールを定めて、社員に周知・徹底を行った。宛先を必要最小限にすることなどで、受信者のメール確認の作業を大幅に削減することができた。
・事例2
　18時以降の業務時間外や休日に、上司から部下へのメールを禁止することで、ワーク・ライフバランスを意識した組織・風土に変革した。

電話の効率化

　メールと並んで、電話も欠かせないビジネスツールです。その特徴は、即座にコミュニケーションが取れるという点ですが、相手の時間を強制的に奪うというデメリットも持っており、電話をできる限り使わない企業も出てきています。

　最近は、個人ごとに固定の机を設けないフリーアドレス制の採用も進んでおり、これまでのデスクの、PC・固定電話・引き出しの3点セットが、PC（ノートパソコン）＋スマートフォン、またはPCだけという企業が増加しています。

　電話は、こちらの都合にかかわらず、突然かかって来て、この電話を取るためにオフィスには電話を取る人がいて、それを担当に伝え、担当が改めて折り返しの電話をするという流れになっているわけです。メールや、ご紹介したビジネスチャットで済む内容であっても、電話をする

ビジネスマンはまだまだ多いのではないでしょうか？

　ここでは業務の都合で、企業として電話をすべて廃止することはできないものの、できる限り効率的・限定的に活用する方法についてご紹介いたします。

① 会社の営業時間以外の電話受付を制限する

　最近は、9時から17時の営業時間以外や休日は自動音声が流れる会社も増えてきました。一方で、顧客サービスの観点で、二の足を踏んでいる会社もまだまだあると思いますが、メールやチャットなどの代替手段もあるわけですから、今後はさらに普及していくことは間違いありません。どうしても、緊急の対応が必要な会社では、時間外は外注のコールセンターで受け付け当番の社員が対応するという方法もあります。比較的すぐに実現できて効果の大きい方法ですのでお勧めいたします。

② 電話に要する時間を制限する

　社員が電話をしているのを観察すると、その長さには明らかな個人差があります。直属の上司・先輩のマネをしているのか、性格からくるものなのか、業務の必要性以上に長電話している社員がいます。

　会社は、新入社員の時から、電話の時間は通常5分まで最大10分までなどと決めて教育することが必要ですし、上司、先輩はできていない社員を指導するようにしなくてはなりません。

③ 電話を受けない時間帯を設ける

　就業時間のうち、一定の時間帯を「がんばるタイム」とし、電話をつながない、さらには電話をかけない時間帯を設定するものです。「がんばるタイム」は、トリンプ・インターナショナル・ジャパン㈱がはじめたユニークな制度で、毎日2時間（12時30分〜14時30分）は、コピー・電話・立ち歩きを禁止し、仕事に集中する時間とするものです。業務中に集中力の持続を阻害する「雑音」を一定時間遮断することで、お互いが邪魔せず、邪魔されずという環境を作ることができます。

第1節　ムダな仕事を削る

【事例紹介】
・事例1
　電話、メールなどを遮断して、業務に集中する「集中タイム」を設けた。
・事例2
　「早帰り」期間中は午後6時00分以降の社内の電話連絡を控えるルールを徹底。

 資料の削減

　会社の中では、社内での会議資料や報告書など、膨大な資料を膨大な時間をかけて作成しています。時間をかけて作った資料が、すべて本当に活用されているか疑わしいのではないでしょうか？　社員から上司に、「この資料は本当に必要ですか？」と言えないでしょうから、資料の整理は、経営者・管理職が積極的に指示をしなければ削減できないものだと理解して下さい。
　社内資料の削減ポイントとしては、以下の4つが挙げられます。
① 必要最低限の資料の選別
　まずは、部門別に社内で使用している資料をリストアップします。リストアップした資料の中から、業務に必要最低限な資料のみを選別する作業を行います。選別にあたっては、「この資料は誰のために必要か？」「この資料は何のために必要か？」という視点で選別していきます。

109

第4章　仕事のムリ・ムダ・ムラをなくす

② ペーパーレス化

　必要最低限な資料の選別が終わったら、紙として必要な資料とPDF などにペーパーレス化して使用する資料に区分けをします。ペーパーレス化の判断は、「資料の視認性」や「作業効率」の観点から行います。ペーパーレス化をすることで、「資料が見えにくくなる」「並べて資料を見られなくて作業効率が落ちる」といったケースがあるため、注意が必要です。

③ 必要最低限の情報のみのフォーマット

　資料の中で、定期的な報告用の物や記録用の物については、必要最低限の情報のみを記載するフォーマットを作成して共通で使用するようにします。記載事項を絞り込むことで、書き手と読み手の両方の時間短縮に繋がります。

④ 資料作成の指示の明確化

　資料作成を指示する人は、資料作成者に対して、資料作成の目的・用途・達成水準を明確に伝える必要があります。指示が曖昧であると、ムダな資料を作成してしまい、資料作成に多くの時間を費やしてしまう要因になります。

【事例紹介】

・事例1

　社内の会議資料を電子化し、タブレットで資料を確認するようにペーパーレス化をはかった。その結果、資料の印刷、運搬、配布の作業がなくなり、会議資料の準備時間が大幅に短縮された。

・事例2

　完璧な資料作成よりも、意志決定の方が重要と考え、会議を短時間に切り上げ、簡素な資料で意思決定することを徹底した。

第1節　ムダな仕事を削る

・事例3
　社内報告のための資料内容について、必要性の再検討を行い簡素化・標準化。資料枚数の上限を設定しその範囲内で作成するルールを定めた。

ムリな仕事をさせない視点
(生産性向上)

 業務の標準化

　仕事を分業化して進めている中で、仕事が属人化・ブラックボックス化してしまっている企業が少なくありません。

　このような属人化された仕事が沢山あると、特定の時期に業務が集中した場合、担当者以外には仕事を進めることができず、結局担当者だけが残業してしまうことになります。また、ムダな業務や品質不良、ミスなどが発生し、却って業務の完遂に時間がかかってしまうことになりかねません。こうした事態を避けるために、効率的な業務手順を決め、業務の標準化を行うことが必要です。

　担当者によって仕事の進め方が異なるために、担当者しか分からない仕事があるのではないでしょうか。業務の標準化を行うことで得られる主なメリットには、次のようなものがあります。

① 業務品質が安定する

　ミスが少なくなり、修正・やり直しをする時間を削減することができ結果として業務品質が安定する。

② ムダな業務がなくなる

　新しい業務やさらなる標準化のブラッシュアップに時間を割くことができる。

③ 誰でも標準化された業務を行うことができる

　業務量が集中するようなことがあっても、標準化された業務であれば、

第2節　ムリな仕事をさせない視点（生産性向上）

マンパワーを集中することにより、短時間で業務を完遂することができる。

　業務の標準化を進めるために欠かせないなのが、「業務マニュアル」の作成です。業務マニュアルを作成することで、業務手順の見える化が図られ、誰でも業務を遂行することができるようになります。また、業務マニュアルを作成した後の運用も重要で、次の点に注意して運用することがポイントです。

① 業務マニュアル通りに遂行しているか

　業務マニュアルがありながら、業務マニュアル通りに業務を遂行せず、形骸化してしまっていることがよくあります。このようなことを避けるためには、定期的に業務マニュアル通りに業務を遂行しているか内部チェックするようして下さい。

② 業務マニュアルを見直す時期が明確か

　マニュアル通りの定型業務が繰り返されると、モチベーションが低下することが考えられます。定期的に業務マニュアルを見直すこととし、日々の業務の中で改善すべき項目を持ち寄って、マニュアルをブラッシュアップする機会を作るようにして下さい。

【事例紹介】
・事例1
　担当している業務のマニュアル化を進めた結果、チームで動けるようになり、お互いにカバーし合えるようになった。一部の社員に残業が集中していた状況に、大幅な改善がみられた。
・事例2
　労働の質を変えることで労働時間の短縮を図る取組みをスタートさせた。具体的には、①業務の洗い出し、②重複した業務の削減・

113

集約、③業務プロセスの見直し、④業務の標準化、⑤IT化を行うことで、企業全体で年間労働時間を大幅に削減した。

朝型勤務へのシフト

　政府は、平成27年の夏より、暑い夏でも生産性を落とさない働き方をする工夫として、また長時間労働を解消することも目的の1つとして朝早い時間に仕事を始め早めに仕事を終えて、まだ明るい夕方の時間を有効に活用し生活を豊かにしようと「ゆう活」を提唱しています。

　また、伊藤忠商事は、顧客への対応を考え、フレックス制度の一律適用を廃止し、夜型の残業体質から朝型の勤務へと改める「朝型勤務制度」を平成25年より導入しました。特徴的なのは、早朝勤務時間（5：00-8：00）でも、深夜勤務と同様の割増し賃金（150％）を支給することや、8：00前始業社員に対し、軽食を支給することです。

　取組みの効果としては、20時以降に退社する社員数が、導入前は全体の約30％から3年後は約5％に、一人当たり時間外勤務時間数が3年後で約15％減ったと公表しています。

第2節　ムリな仕事をさせない視点（生産性向上）

図表4－3　伊藤忠商事の朝型勤務制度

時間管理対象　タイムスケジュール

	5:00		9:00	12:00 13:00		17:15 20:00 22:00 24:00		
（現行）	深夜勤務原則禁止	時間外勤務	勤務時間	休憩	勤務時間	時間外勤務	深夜勤務原則禁止	
割増賃金	150%	125%				125%	150%	

	5:00	8:00 9:00		12:00 13:00		17:15 20:00 22:00 24:00			
（新）	深夜勤務禁止	朝勤務推奨	時間外勤務	勤務時間	休憩	勤務時間	時間外勤務	時間外勤務原則禁止	深夜勤務禁止
割増賃金	150%	150%	125%				125%	125%	150%

出所：伊藤忠商事ホームページ『「朝型勤務」制度の導入』より

編集部注：伊藤忠商事の朝型勤務制度は、「夜20時以降に残業するのならば、その分、朝早くに」というもので、義務ではなく、「朝早く来なければならない」というものではない

朝型勤務のメリットとしては、次のとおりといわれています。

企業のメリット	社員個人のメリット
1．朝は脳が良く働くため、生産性が向上する 2．労働時間の短縮につながる 3．夜間の電気代が減り経費節減できる 4．メンタルヘルス対策になる（朝の日光でセロトニンが分泌されるため）	1．生活習慣病、心身の不調の改善 2．ストレスの軽減 3．ラッシュアワーの回避 4．退社時間が早くなり、プライベートタイムが充実

　一方、デメリットは、家庭や保育園の事情で難しい社員もいること、顧客との時間のずれによる機会損失などがあげられます。大手企業でも朝型勤務を導入した結果、前述の伊藤忠商事の例とは逆に残業時間が増加して廃止に至った企業もありますので、業種特性、組織風土によって効果は異なるといって良いでしょう。

　公益財団法人日本生産性本部が実施した「日本的雇用・人事の変容に関する調査」結果概要によれば、「朝型勤務（始業時間繰上げ）」につい

115

て、導入率は、9.8％と低いものの、「大いに効果あり」は25.0％、「やや効果あり」は50.0％で、併せると75.0％が効果ありという結果がでており、検討するに値する制度であることがわかります。

【事例紹介】
・事例1
　フレキシブルタイムの時間帯を前倒しし、朝早めに出勤して業務が終われば1日の標準時間を目処に退勤する「朝型勤務」を推奨し所定外労働の削減にも効果をあげた。
・事例2
　夏季には、希望者を対象に出・退勤の時刻を1時間繰り上げる「朝型勤務」を実施することとした。

 ## テレワークの推進

　テレワークとは、「情報通信技術を活用した、場所と時間にとらわれない柔軟な働き方」と定義され、「在宅勤務」や「モバイルワーク」、「サテライトオフィス勤務」を含んだ総称となります。

図表4－4　テレワークの類型

区分		内容
在宅勤務	終日在宅勤務	終日、所属するオフィスに出勤しないで自宅を就業場所とする勤務形態
	部分在宅勤務	一日の勤務時間のうち、一部を自宅で行う勤務形態。一度はオフィスに出勤するか、顧客訪問や会議参加などによって自宅から外出する点が、終日在宅勤務と異なる
モバイルワーク		移動中（交通機関の車内など）や顧客先、カフェなどを就業場所とする働き方
サテライトオフィス勤務		所属するオフィス以外の他のオフィスや遠隔勤務用の施設を就業場所とする働き方（専用型、共用型）

　テレワークのメリットは下表のとおりですが、特に労働時間にも効果があるといわれています。厚生労働省「平成26年度テレワークモデル実証事業」（企業アンケート）によると、「得られた成果」または「得られつつある成果」として、「働き方の変革による生産性向上」37.6％、「従業員のワーク・ライフ・バランスの向上」29.1％があげられています。

　また、従業員へのアンケートでは、「電話や話し声などに邪魔されず、業務に集中できる」69.9％、「タイムマネジメントを意識するようになった」57.5％、「生産性・創造性が向上している」46.0％、「計画どおりに業務を遂行できる」35.4％、「労働時間が減少した」20.4％と、働き方改革へつながっていることを実感しています。

第4章　仕事のムリ・ムダ・ムラをなくす

図表4－5　テレワークのメリット

企業のメリット	社員個人のメリット
1．人材の確保・育成 2．業務プロセスの革新 3．事業運営コストの削減 4．非常時の事業継続性（BCP）の確保 5．企業内外の連携強化による事業競争力の向上 6．人材の離職抑制・就労継続支援 7．企業ブランド・企業イメージの向上	1．ワーク・ライフ・バランスの向上 2．生産性の向上 3．自律・自己管理的な働き方の推進 4．職場との連携強化 5．仕事全体の満足度向上と労働意欲の向上

　テレワークにおける労働時間管理の方法として、第3章でご紹介した柔軟な労働時間制を、業務内容にあわせて採用することで、さらに労働時間の削減に効果が期待できるでしょう。厚生労働省「平成26年度テレワークモデル実証事業」（企業アンケート）によると、実施事業の中で、「通常の労働時間管理」の次に、「フレックスタイム制」、「裁量労働制」、「事業場外労働のみなし労働時間制」の順で多くなっています。

　また、営業などの外勤者については、移動時間やスキマ時間の有効活用や、訪問先から企業に帰社させずに自宅に直帰させた上で、「部分在宅勤務」をさせることで、無駄な移動時間を削り心身の負担軽減につながるでしょう。

【事例紹介】

・事例1

　全員に、セキュリティ対策を講じたモバイルパソコンを配布し外出先業務を完結し、直帰するといったような隙間時間の活用を可能とした。

・事例2

　社員の生産性向上のため、社員個人の働き方を尊重し、週2日の完全在宅勤務ならびに部分在宅勤務ができる制度を導入した。

4　サービスの見直し・顧客への理解を求める

　先にご紹介した、「労働時間管理と効率的な働き方に関する調査」結果によると、企業側が考える所定外労働が発生する理由で最も多かったのは、「業務の繁閑が激しいから、突発的な業務が生じやすいから」で、64.8％の企業があげています。こうした業務における繁閑や、突発的な業務は、企業がこれまで顧客に提供してきた「サービス」、「取引慣行」に起因していると考えられます。

　日本企業共通の「お客様は神様」、「顧客至上主義」といった考え方のもと、企業間でサービス競争・低価格競争を生み、そのしわ寄せは、最終的に、従業員に「低賃金」、「長時間労働」を強いるといった構造になっています。こうした悪循環から脱するためには、これまでタブー視されていた顧客に対し協力を求めたり、顧客サービスを見直したりすることを検討することが必要です。

　政府がすすめる「働き方改革」の機運の中で、最近は、このようなサービスや商品と取引先やお客との関係を見直す企業も出てきています。大手運送会社の時間指定サービスの見直しはその典型で、配送効率を改善し、ドライバーの残業時間削減を意図したものです。こうしたサービスや商品の見直しにより、取引先やお客の消費に対する意識や価値観を変え、社会構造にも変化がもたらされることとなるでしょう。

　こうしたサービスの見直しは、業界としての足並みが揃わなければ難

119

第4章　仕事のムリ・ムダ・ムラをなくす

しいところですが、業界団体で働き方改革に取り組む動きも出てきました。コンピューターソフトウエアの開発など情報サービス産業の業界団体である「一般社団法人情報サービス産業協会」は、平成29年4月、協会としての「働き方改革宣言」を公表しました。その内容は、賛同企業の労働時間の削減目標は、第1フェーズで「月間残業時間を20時間に減らす」、「有給取得率を90％に増やす」、「所定労働時間を10分以上削減して7時間40分未満にする」といった取り組みを実施するというもので、今後、協会として広報活動を行い、顧客からの理解、協力を得るように働きかけるということです。

　今後、長時間労働に関する法規制が進む中で、「働き方改革」の課題は、すべての企業の共通テーマとして認識されてくるでしょう。そうした中で、これまでの一方的なサービスの見直しだけでなく、取引先と協力して話し合えば、双方にとって有意義な改革の道もあるはずです。(事例2)

　「お客様は神様」と何でも言うことを聞くのではなく、「お客様と WIN－WIN」の関係になるような話し合いを進める必要があるのです。

【事例紹介】
・事例1
　顧客との調整に基づき製品の整理・統合及び受注管理システムの整備をすることで、効率的な生産体制を構築し時間外労働が減少した。
・事例2
　顧客とやり取りする書類について、業務効率化を図るため、自社で使用する様式と顧客で使用する様式を統一してもらえるよう依頼し、内容の整理や確認に要する時間を削減し、双方の時間外労働が

減少。

 業務のアウトソーシング

　人手不足が深刻化する中で、労働時間削減の要請も踏まえ、自社で行っていた業務を外注化する動きも進んできます。

　従来のアウトソーシングは、「人がいない」「設備がない」「ノウハウがない」から、外部で対応できる業者に任せるといったものでしたが、現在は、より戦略的な視点でアウトソーシングを経営に取り入れようとする企業が増加し、広い範囲で様々な業務に対応できるBPO（ビジネス・プロセス・アウトソーシング）といった考え方も広がってきています。

　アウトソーシングの主なメリットは次のとおりです。

① コストダウン

　自社で業務処理を行うことでかかるコストが、アウトソーシングすることで削減できる。

② 業務運用の安定化

　受発注の増減や景気変動などの外的環境要因、また、担当者の急な退職や人事異動などの内的環境要因などにも影響されず、安定した業務を遂行することができる。

③ 専門性の維持確保

　自社の中にはない外部の専門性の高い知識やスキルを活用し、業務レベルの向上と維持確保をすることできる。企業は、新規事業など新たな価値の創造に人員を割くことができ、自社のより一層の付加価値向上につながる。

第4章　仕事のムリ・ムダ・ムラをなくす

このようなメリットのあるアウトソーシングですが、導入にあたっては、自社の業務においてどの業務にマンパワーが足りないのか、専門性が足りないのか等を分析し、必要なアウトソーシングを検討することになります。

典型的なアウトソーシングサービスとしては、次の業務がありますが先に述べたとおり、最近は、幅広いBPOサービスを展開している業者も増えていますので、自社にあった業者を選定することができるでしょう。

図表4－6　アウトソーシング業務の例

税務・会計業務	給与・社会保険業務	受付業務
採用・教育業務	福利厚生業務	営業業務
ITインフラ保守業務	総務事務業務	研究製造業務

【事例紹介】

・事例1

　社員に対して"作業量"ではなく、アイデアや知恵で勝負していくよう意識改革を進めている。作業はアウトソーシング、自社ではアイデアをできるだけビジネスにするという考え。

・事例2

　コールセンター、配送、倉庫といった作業を一括して「アウトソーシング」し、外注先も「パートナー」として、ミーティングや話し合いの場を通常よりも多く設けて事業を進めている。

第2節　ムリな仕事をさせない視点（生産性向上）

 社員の能力向上支援

　最後に、社員に「ムリな仕事をさせない」上で、もっとも重要なことは、社員の能力向上支援です。社員の能力向上を図ることで、業務処理のスピードが速くなり、時間外労働の削減につながります。
"木こりのジレンマ"という話をご存知でしょうか？

> "木こりのジレンマ"
> ある日、旅人が森の中を歩いていると、
> 刃こぼれしたノコギリで忙しそうに木を切る木こりを見つけました。
> その様子を見ていた旅人がこう言います。
> 「ちょっと手を休めて、のこぎりの刃を研ぎ直してから切ったらどうですか？」
> すると木こりは
> 「そんな事をしている暇なんてないよ」
> と言って、ボロボロののこぎりで木を切り続けた。

　木を切り倒すという本来の目的を達成するためには「刃を研ぐ」ことが近道であっても、やみくもに目の前のことだけに注力し、一生懸命やっているのに生産性があがらないことを風刺したエピソードです。
　笑い話のようなお話ですが、実際の企業の中にはこれに近い状況は少なくありません。「受発注システムが古く膨大な入力作業があるが、システム改修をせずに、社員が残業して入力している。」といった話であれば、まさにありがちなことなのではないでしょうか？
　このお話にでてくる「のこぎりの刃を研ぐ」ことは、会社では「社員の能力を高める」ということを意味します。皆さんの会社では社員の能力を高めることに、どれほど力を入れているでしょうか？

123

第3節 ムラを平準化する

1　権限委譲と管理職の意識改革

　「できる人に仕事が集中する」ものだとよく言われます。日本の一般の企業では、優秀な社員や優秀な管理職に、仕事が集中し長時間労働になる傾向があります。仕事のできる人ほど、人に仕事を任せられず仕事を抱えてしまうのは、「自分でやった方が早く、良い仕事ができる」と思っているからです。これは事実かもしれませんが、こうした状況で仕事が停滞していることもありますし、万が一病気になった場合、退職した場合には、業務が停滞することになります。また、部下や後輩が責任のある仕事を任せられないために、成長の機会を失っていることにもなっています。

第3節　ムラを平準化する

　管理職は、朝早くから夜遅くまで現場で働くことが役割ではなく、部下を統率して、部門として成果を上げることが期待されています。そのためには、管理職の本来の役割に費やす時間を生み出すために、管理職自身が効率よく仕事をし、部下に権限を委譲して仕事を任せることを、常に意識しなければならないのです。

　実際に「部下に仕事を任せる」ためには、次の3点がポイントになります。

①　期限を設ける

　「いつまでに」という期限を明確にすることが必要です。仕事が遅いリーダーは、「都合の良いときに」「手が空いたときに」「来週中ぐらい」などと曖昧な指示をしがちです。「○月○日の○時まで」といったはっきりとした指示をして下さい。

②　他の仕事と比べた優先順位

　上司が思っている優先順位と、部下の思っている優先順位が違って、業務に支障をきたす場合があります。部下が安心して、ペース配分ができるように他の仕事との優先順位を、明確にする必要があります。

③　進捗を管理する

　任せた業務の進捗状況を途中で何度か報告させることが重要です。期限に対して問題なく進んでいるか、要求している成果レベルに達しているかを確認し、必要に応じて指示を出して下さい。

　仕事を任せることと、「仕事を丸投げ」することは違います。上記の①〜③がなく仕事を任せたのであれば、それは「丸投げ」ということになります。特に、予定している期限までに仕事が完遂できるようにするためには、③のプロセスが重要です。

　最後になりますが、管理職が率先して早く帰ることや有給休暇を取ることも大事なことです。部下にこうした上司の姿をみせることで、早く

125

帰ることや休むことは悪いことではないというムードが職場に広がることになります。組織風土の改善という意味からも管理職の役割は大きいということです。

 ## 業務分担・配分の見直し

　残業時間の発生状況を、職場別や個人別に見てみると実際は大きくバラついていることがよくあります。36協定で定めた延長時間を大きく超える残業をしている社員がいる一方で、ほぼ毎日定時で退社している社員がいます。こうした負担のかかっている社員から、余裕のある社員へと、仕事を再配分し、労働時間を平準化することを考えなくてはなりません。

　企業は、36協定を締結し、その範囲内であれば時間外労働を命じることができます。

　先にご紹介した「労働時間管理と効率的な働き方に関する調査」結果においても、所定外労働が発生する理由として「組織間や従業員間の業務配分にムラがあるから」を4社に1社が回答しており、ここに問題があることは明らかです。この中には、実際に業務を分担しようにも、能力・技術がないため任せられる人がいないという場合もありますが、単純に企業の管理が甘く人員配置が適正化されていないという企業も少なくないでしょう。これは先の調査でも、所定外労働が発生するのは「組織間や従業員間の業務配分にムラがあるから」ないし「仕事の進め方にムダがあるから」としながら、実際に「仕事の内容・分担の見直し」に取り組んでいる企業の割合も、それぞれ半数程度にとどまっている結果からも読み取ることができます。

　人員の補充には、人件費コストがかかり企業としても一朝一夕には難しいですが、「忙しい人」から「暇な人」に仕事を移すことは、本気で

第3節　ムラを平準化する

取り組む気になれば、容易に取り組むことができるテーマなので、必ず取り組むようにしましょう。

　具体的に、業務の平準化についてみていきましょう。

① **個人レベルの業務平準化**

　自分の業務を改めて確認すると、日単位、月単位、年単位で仕事量が変動していることがわかります。この抱えている業務を、いかに無理のないスケジュールでこなすことができるかを考えます。業務を一度、棚卸しし、優先度や期限、その仕事にかかる時間などを見積ります。そして、その期限や優先度などに従って、いつ取り組むのかをスケジュール化します。できれば、突発的な業務を想定した余裕のあるスケジュールを組むようにしましょう。

② **部門レベルでの業務平準化**

　忙しい社員は、一人で仕事を抱え込んでしまっている傾向にあります。管理職は、部門においてこうした社員への支援体制を組まなければなりません。忙しい時は仕事を依頼することを部門内のルールとして仕組み化することも必要ですし、部門内でお互いがお互いを助け合うようなムードを醸成することも重要です。仕事を平準化することで、結果として社員の多能工化、業務の標準化にもつながります。

③ **企業レベルでの業務平準化**

　一般に企業は、縦割り組織になっており、全体レベルで労働量の調整をしている企業は少ないのが現実です。しかし、今後は、人材不足の中、限られた人材を有効活用する上でも、こうした全社レベルでの業務平準化への取組みは必要です。人事部門を中心に、自社の年間労働時間を把握し、繁忙期に臨時の応援体制を組むなどといった、取り組み易いところから取り組んではいかがでしょうか。

127

第4章 仕事のムリ・ムダ・ムラをなくす

多能工化の推進

　業務のムラをなくす手段として、今、多くの企業が取り組んでいるのが、社員の「多能工化」です。本稿では「多能工」を、生産現場での技能工だけでなく、事務系ホワイトカラーも含めた広い観点でご説明させていただきます。

　一人が一つの業務だけを担当する「単能工」に対し、一人で複数の作業や工程を担当する知識や技能を持った作業者が「多能工」と呼ばれています。また、人材を「多能工」として教育・訓練することを「多能工化」といいます。

　「多能工化」することのメリットは、おもに、
① 部門内の業務を平準化できる
　部門内で、業務が特定の時期に集中することに対して、忙しい業務を複数の人が分担し、平準化することができる。
② 一人業務を減らせる（BCPに資する）
　社員が一人で抱えている業務、ブラックボックス化した業務がなくなることで、家族の急病や子どもの行事での休みや、退職により業務が滞ることを回避し、いつでも他の社員が交代できる体制を整えることができる。
③ 業務改善につながる
　社員が一人で抱えていた業務を、別の社員に指導するプロセスで、担当業務のマニュアル化が必要となったり、指導される側からの疑問や意見にさらされることで、業務改善につながる効果がある。

　こうしたメリットのある「多能工化」の正式な進め方としては、
① 業務の洗い出し

② 業務の標準化、マニュアル化

③ 教育研修の実施（OJT）

といった流れになりますが、最初から100パーセントを目指して始めようとしても、いつまで経っても改善は始まりません。

　企業として、すぐに取り組めることとしては、業務の担当を、意識してジョブローテーションすることです。また、業務担当する範囲を決める際に、他の従業員を意識して重複する業務を与え、協力し合う体制を作ることも効果的です。他にも、担当が休暇を取る際に、休暇中の代理者を決めるだけでも、社員一人ひとりの業務領域が広がり、情報共有が促進することになります。まずは、できるところから始めるようにして下さい。

　「自分と同じ仕事ができる人」を増やすため、人に慣れない仕事を教えるのに労力がかかります。その時点では確かに効率性が落ちることになりますが、長期的にみれば全体の経験値を上げることにつながります。

　個人レベルでの生産性を追及するのではなく、組織として生産性向上を目指しましょう。

　また、社員も組織の歯車として業務の一部だけ担う体制から仕事の幅を広げモチベーションアップになることや、お互いの仕事の苦労を共有する機会にもなるなど、より良い職場風土の醸成にもつながるでしょう。

第5章

働き方改革の実践手順

第5章　働き方改革の実践手順

　これまで、働き方改革のための様々な手法を、「組織風土の改革」「労働時間管理の仕組みの見直し」「仕事の仕方の見直し」といった流れでご説明してきました。本章では、実際に働き方改革を進めようとする企業が、これらの手法を駆使してどのような流れで、進めていけば良いかについてご説明いたします。

　はじめに申し上げますが、経営者や人事部長が、働き方改革を進めようと提言すると、必ず、他の役員、幹部から、次のような「ブレーキ」がかけられることを覚悟して下さい。

「売上や利益を落とせば経営は成立たない」
「うちの業界は特殊だからしょうがない」
「取引先やお客さんに逃げられたらどうするんだ」
「今まで労働基準監督署の調査も入ったことがないからまだ大丈夫だろう」
「人事部は、現場の仕事がわかっていない！」

といった具合です。

　第1章でご説明したとおり、「働き方改革」の中、残業時間の上限規制が導入されるのは目前です。社員が過労死するリスクは、今でも厳然として存在します。長時間労働の削減は、「出来たらやる」課題ではなく、「必ずやる」課題なのです。

132

本章のはじめに、皆さんにこの言葉をお送りします。

「『そのうちやる』」という名の通りを歩いて行き、行き着くところ
は『なにもしない』という名札のかかった家である。
　　　　　　　『ドン・キホーテ』の著者～ミゲル・デ・セルバンテス

企業の現状と課題を抽出する

労働時間の実態把握をする

　長時間労働の原因を洗い出すためには、まずは自社の部門・職種ごとに、労働時間を正確に把握することが必要です。

　具体的には、部門・職種ごとに、労働時間や休日労働等の実態を把握し、その傾向を分析することになります。

　最初は、各部門で、過去1年で所定外労働がどのように発生しているかを分析します。部門別・月別に、所定外労働時間の平均・最大・最小で表を作成し、その発生傾向を把握するようにして下さい。

図表5−1　部門別所定外労働時間数（例）

（単位：時間）

部門		所定外労働時間数											
		4月	5月	6月	7月	8月	9月	10月	11月	12月	1月	2月	3月
総務・経理	平均	65	75	40	55	25	45	40	55	70	40	30	35
	最大	90	100	50	80	40	60	50	70	90	50	50	60
	最小	40	50	30	30	10	30	30	40	50	30	10	10
営業	平均	40	45	45	50	35	75	70	45	55	35	65	75
	最大	50	50	60	70	50	100	90	60	70	50	90	100
	最小	30	40	30	30	20	50	50	30	40	20	40	50
製造	平均	65	50	35	45	45	80	65	45	60	45	70	80
	最大	80	60	50	60	60	100	90	60	90	60	90	100
	最小	50	40	20	30	30	60	40	30	50	30	50	60

第1節　企業の現状と課題を抽出する

　次に、所定外労働時間数の範囲ごとに、社員がどのように分布しているかを把握して下さい。範囲の区分は、最低でも36協定及び特別条項の上限時間等を考慮して、「0～45時間」「46～80時間」「81時間～」で区切って下さい。所定外労働時間の発生状況によっては、より細かい区分にしてもよいと思います。

図表5－2　部門別所定外労働時間数別社員数（例）

（単位：人）

部門	所定外労働時間数	社員数											
		4月	5月	6月	7月	8月	9月	10月	11月	12月	1月	2月	3月
総務・経理	～45	1	0	5	2	5	2	1	1	0	3	4	3
	46～80	3	3	0	3	0	3	4	2	2	2	1	2
	81～	1	2	0	0	0	0	0	2	3	0	0	0
営業	～45	5	4	12	7	15	0	0	8	6	12	5	0
	46～80	15	16	8	13	5	14	13	12	14	8	12	14
	81～	0	0	0	0	0	6	7	0	0	0	3	6
製造	～45	0	7	12	8	6	0	4	0	0	5	0	0
	46～80	15	13	8	12	14	17	15	15	13	10	14	12
	81～	0	0	0	0	0	3	1	0	2	0	1	3

　さらに、一人ひとりの所定外労働時間数をまとめて、時間帯「0～45時間」「46～80時間」「81時間～」に色分けすることで、所定外労働の実態を「見える化」します。社員数の少ない企業であれば、最初からこの資料を作成するだけで十分でしょう。

135

第5章　働き方改革の実践手順

図表5－3　社員別所定外労働時間数（例）

部門	氏名	所定外労働時間数											
		4月	5月	6月	7月	8月	9月	10月	11月	12月	1月	2月	3月
総務・経理	A												
	B												
	C												
営業	D												
	E												
	F												
製造	G												
	H												
	I												

「0～45時間」XXX、「46～80時間」 、「81時間～」 ////

所定外労働の発生要因を分析する

　次に、①で明らかになった所定外労働の発生要因を分析します。

　発生要因を分析する方法の一つは、各部門の社員に対して、「アンケート」を実施する方法です。所定外労働の発生要因は、「組織風土」からくるもの、「仕事」そのものの問題からくるものなど様々な要因が組み合わさっているのが実態です。これらを解きほぐし、所定外労働発生ののメカニズムを明らかにすれば、ふさわしい対策を講じることができます。

　アンケートは、部署別・業務別の要因を分析する上では、記名式が好ましいですが、本音での回答が得られないことが懸念される場合は、部門名のみ記載させた無記名式でも良いでしょう。

　下記のアンケートには、一般的に想定される項目を挙げてありますが、業務内容に応じて想定される項目を用意して下さい。回答にあたっては、要因となっている項目が複数あれば、複数回答可として下さい。

第1節　企業の現状と課題を抽出する

図表5－4　所定外労働発生要因アンケート（例）

所定外労働発生要因アンケート			
部門			
氏名			

区分		要因	回答
組織風土	経営者・管理職に原因	・職場に帰りにくい雰囲気がある	
		・成果主義化や仕事の個別化等で、職場に助け合いの雰囲気がない	
		・人事評価を気にしている（残業が評価される風土）	
		・個々の仕事に求める成果が明確でない	
	自分自身に原因	・自分が納得できるまで仕上げたい	
		・仕事が面白い	
		・残業手当や休日手当を稼ぎたい	
仕事	ムリ（事業モデルに無理がある）	・仕事や顧客の都合で、所定外でないとできない	
		・納期が厳しい	
		・突発業務が多い	
		・営業時間が長い	
		・社員の能力・技術が不足している	
		・人員が不足。一人当たりの業務量が多い	
	ムダ（非効率な仕事が多い）	・方針変更や曖昧な指示	
		・プロセスの多い決裁手続き	
		・長時間に及ぶ会議	
		・仕事の進め方	
	ムラ（仕事に偏りがある）	・組織間や従業員間で、業務配分にムラがある	
		・業務の繁閑（時間単位、日単位、月単位、季節単位）	
※　複数回答可			

　発生要因を分析するもう一つの方法は、部門の実態を把握している管理職に「ヒアリング」の実施あるいは「分析レポート」の提出をさせることです。一つひとつの業務や、現状と対策について、現場の意見を取りまとめて下さい。

①　所定外労働の発生要因

　・なぜ仕事が定時に終わらないのか？

　・負荷がかかっている仕事は何か？

②　対策

137

第 5 章　働き方改革の実践手順

・所定外労働をなくすために必要なことは何か？

・改善の障害になっていることは何か？

「社員アンケート」と「管理職の意見レポート」を取りまとめ、全社および部門別の課題と対策を整理して下さい。

第2節

改革の目標を設定する

　働き方改革を進める上で、最終的なゴール設定が重要です。日本電産の永守会長が「2020年までに、残業ゼロにする」と宣言したように、企業として目指すべき目標を明確にしなければなりません。

　第1章で説明したとおり、早ければ2019年に「労働時間の罰則付上限規制」が始まろうとしているわけですから、最低限これをクリアできる目標値の設定が必要です。企業として、「残業ゼロ企業」を目指すのか、比較的残業は少ない「ワークライフバランスの取れた企業」を目指すのか、現在の長時間労働を考えると法的上限をギリギリクリアできるレベルを目指すのが精一杯なのか判断して、組織決定することが必要です。

難易度高

労働時間の罰則付き上限規制
（施行2019年）
●原則
　月間45Hかつ
　年間360H
●特例
　臨時的な特別な事情
　年間720H
●上限
　①2〜6ヶ月平均80H
　②単月　100H未満
　③特例の適用は年6回まで

【残業ゼロ企業】
所定外労働 ゼロ

【ワークライフバランス企業】
所定外労働20時間以内

【法定ギリギリ企業】
所定外労働
通常　45時間以内
繁忙期80時間以内

139

第5章　働き方改革の実践手順

　最終ゴールが決まれば、ここに向かって毎年の達成目標を設定することになります。

　たとえば、「2020年までに、所定外労働時間を現在の半分の年間240時間に、有給消化率を80％にする」というゴールを設定し、ゴールまでの道程として毎年の目標値を設定します。

図表5－5　働き方改革目標の設定例

年度	所定外労働時間数(時間)		有給消化率(%)
	月間	年間	
2017年(実績)	45	540	50%
2018年	40	480	60%
2019年	30	360	70%
2020年	20	240	80%

140

第3節 改革推進体制を整備する

 改革プロジェクトを編成する

　企業としても改革目標を設定したら、次は改革の実行プロジェクトを編成します。プロジェクトは、内外に企業の強い意志を示す意味でも、社長または役員がリーダーとなり、実行メンバーは、総務・人事部門を事務局とし、実務に精通した各業務部門の精鋭を集めて編成することが好ましいでしょう。人事部門は、実際の労働時間管理を行っていることや、人事評価等の仕組みを運営しており、事務局機能を担う上で現実的だと思います。

　各部門のメンバーは、「実務に精通していること」かつ「改革への強い意欲を持っていること」を条件に、もっともふさわしい人物を選任するようにして下さい。メンバーは、部署ごとの施策を立案するだけではなく、実際に実行させる役割も負うことになります。

　各部門の部長クラスは必ずしも、プロジェクトメンバーである必要はありませんが、営業活動を優先しようとする各業務部門からプロジェクトに対する反発が起こることも常ですので、企業ぐるみで改革を進める上では、改革メンバーとして巻き込んでいく方が良い結果が期待できるでしょう。社長をはじめとした経営トップの強いバックアップも欠かせません。

　労働組合のある企業については、労使で協力して取り組むことが重要ですので、本プロジェクトメンバーと随時、協議の場を設けることも必

第5章　働き方改革の実践手順

要でしょう。また、自社だけでは解決の難しい問題も出てきますので、必要に応じ外部コンサルタントを参加させることを検討して下さい。

図表5－6　働き方改革・長時間労働削減プロジェクト

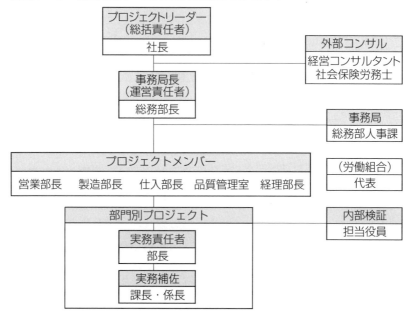

2　外部コンサルタントを活用

　改革は、自社の役職員が中心となって推進するわけですが、外部のコンサルタントを活用することも検討して下さい。

　働き方改革、労働時間削減に関するコンサルタントといっても、この分野に特化したコンサルタントは存在しません。コンサルタントに依頼する前に企業の方針を定め、その実現のために必要なコンサルタントを選定して下さい。一般的に、働き方改革の支援ができるコンサルタントには、次の種類があります。

> ・社会保険労務士
>
>   企業の社会保険や雇用保険、年金、給与や就業規則など、労務に関する業務全体の課題を解決していくコンサルタント。労働時間制度の設計、労働基準法に関する対応を専門とする。
>
> ・人事コンサルタント
>
>   人事制度（賃金・評価など）設計、社員のモチベーション・マネジメントなどによって組織の活性化を図るコンサルタント。働き方改革の推進のために、企業の評価制度の見直しする際に、支援を得られる。
>
> ・業務・業種特化コンサルタント
>
>   特定業務・業界に特化したコンサルタント
>
>   （例）　IT、生産管理、飲食経営、建設、ほか多数

　コンサルタント活用で注意していただきたいのは、外部のコンサルタントに任せっきりで、プロジェクトを進めないことです。どんなに優秀なコンサルタントであっても、業種も戦略も異なるすべての企業に対応できる人物はほとんどいません。あくまでも、役員・社員が中心となり検討をすすめ、コンサルタントにはそれぞれ専門分野についてサポートを受ける程度で考えるべきです。

第4節 実行計画(アクションプラン)を作る

 実行計画のコンテンツ

　改革プロジェクトは発足後、これまで検討してきた企業の現状と課題、改革の目標に向かって、企業が取り組むべき具体的な施策の検討を行います。そして、3ヶ月から遅くとも半年以内を目途に、「働き方改革の実行計画書」(アクションプラン)をまとめなければなりません。
　実行計画にまとめるべき大まかな内容の例は次のとおりです。

```
働き方改革実行計画のコンテンツ
１．トップメッセージ　　　　　　　　　　【本書 P45】
２．実行体制　　　　　　　　　　　　　　【本書 P141】
３．実行目標(中期・単年度)　　　　　　　【本書 P139】
　(1) 全社目標
　(2) 部門別目標
４．推進具体策
　(1) 人事管理に関する内容
　　「人事制度の見直し」　　　　　　　　【本書 P48】
　　「労働時間管理制度の見直し」　　　　【本書 P62】
　　「労働時間管理の徹底」　　　　　　　【本書 P90】
　(2) 仕事の進め方に関する内容
```

第4節　実行計画（アクションプラン）を作る

「ムダ」な仕事を削る	【本書 P101】
「ムリ」な仕事をさせない	【本書 P112】
「ムラ」を平準化する	【本書 P124】
（3）健康管理に関する内容	【本書 P199】

本書で、解説してきたことを、ヒントにして、プロジェクトの中で、組み立てていただきたいと思います。

 2　実行計画の効果

この「実行計画書」は、これ以降の改革の方向性を示すものとして、全社員に共有化していただくことで、社員に対しても「会社の本気」を示すことができます。また、「実行計画書」（抜粋）をHP等で対外的に公表することで、顧客、取引先に対して理解を求めることにもつながりますし、人材採用にも効果があります。

さらに、この実行計画書には、もう一つの大きな効果があります。

もし、皆さんの企業に労働基準監督署の調査が入り、長時間労働の削減に向けた指導を受けた際に、「現状では確かに、長時間労働の実態がありますが、今まさに全社をあげて改革に取り組んでいるところです！」と言って、この「実行計画書」の写しを労働基準監督官に提出するのです。そうすれば、監督官も「この企業は長時間労働削減に真剣に取り組んでいる」「しばらく取組み経過を見守ろう！」と判断し、さすがに書類送検や社名公表といった最悪の事態は回避できるでしょう。

また、事業所を全国に多数抱える企業では、全国の事業所のどこかに労働基準監督署が入るおそれがあり、同一企業の複数の事業所で長時間労働が露見した場合は、東京、大阪の「過重労働撲滅特別対策班」（通称「かとく」）に通報が行くことが懸念されます。こうしたことを回避

145

第5章　働き方改革の実践手順

する上でも、是正報告書にこの「実行計画書」を添付することで、全社として改革にあたっていることを、労働基準監督署にアピールすることができます。

計画の進捗を管理する

　実行計画をつくったにもかかわらず進捗管理を怠れば、計画はまさに「絵に描い餅」になります。テーマが働き方改革だけに、社員の失望も大きいでしょう。これを避けるためには、ありきたりですが、PDCAサイクルをきちんとまわし、継続的な改善を続けなくてはなりません。

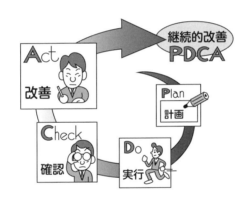

　改革プロジェクトは、全社プロジェクト会議を少なくとも月1回実施し、全体の進捗管理を行って下さい。また、これとは別に、部門別のプロジェクト会議を開き、部門別の実行計画を推進していかなくてはなりません。事務局となる人事部門は、部門別プロジェクトの推進状況について取りまとめ、全社プロジェクト会議に報告することが必要です。
　また、各施策が実行される中で、設定した目標に対して、実際の労働時間の削減状況を取りまとめ、全体プロジェクトの中で報告・共有して下さい。
　こうしたプロジェクト単位での進捗管理のほかにも、現場の管理職の

第5章　働き方改革の実践手順

取組みも忘れてはなりません。日々の残業申請管理、会社で決めた「ノー残業デー」などの実施状況の管理、36協定で定めた延長時間の遵守状況など、日次、週次、月次、四半期、年次で、改革を推進することが必要です。

計画進捗管理項目の例

① 残業申請理由のチェックと承認（日次）

② ノー残業デーの実施、振替休日管理（週次）

③ 労働時間管理（月次）

　・月間労働時間　　・36協定限度時間の超過者の状況

④ 部門別の施策の実施状況と見直し（半期・四半期）

⑤ 活動総括と中期計画・組織体制の見直し（年次）

第6章

労働基準監督署の調査対策を講じる

第1節
労働基準監督署が法令違反として チェックすること

　働き方改革を推進し、成果を出していくにはある程度の時間を要します。こうした改革の検討段階や計画段階では、社員からの訴訟リスクや労働基準監督署による行政指導に対応することができません。働き方改革を実現するまでは、労働基準監督署の指導に耐えうる最低限の対応をしておくことが必要です。

　労働基準監督署が調査で違反として指摘する事項は、図表6－1、図表6－2にあるとおり、時間外労働・休日労働に関する事項と職場の安全衛生管理や健康管理に関する事項が大きな比重を占めています。

第1節　労働基準監督署が法令違反としてチェックすること

図表6－1　主な法令違反の内容

項目	違反率
1位　労働時間	30.0%
2位　安全基準	27.7%
3位　健康診断	21.9%
4位　割増賃金	21.1%
5位　労働条件の明示	16.9%

出所：厚生労働省「平成27年労働基準監督年報」

図表6－2　労働基準監督署が指摘する過重労働にまつわる指摘事項

項目	該当条文	主なチェック項目
労働時間 休憩 休日	労働基準法 第32条 第34条 第35条 第36条 第41条	・時間外休日労働に関する労使協定が締結され、届出されているか ・時間外休日労働に関する労使協定の範囲内で、時間外休日労働が行われているか ・管理監督者の範囲は適正か ・法定休日を与えているか
時間外・休日労働の割増賃金	労働基準法 第37条	・法定どおり計算し、割増された賃金を支払っているか
安全衛生管理体制	労働安全衛生法 第10条～第19条	・安全衛生管理者の選任等、規模に応じた安全衛生管理体制がとられているか ・衛生委員会の調査審議がされているか
健康診断	労働安全衛生法 第66条	・雇入れ時、定期の健康診断を実施しているか ・定期健康診断の結果を把握しているか ・有所見者に対する医師等による意見聴取を実施しているか ・有所見者に対して事後措置を講じているか ・100時間超の時間外休日労働を行っている者からの申し出による面接指導を行っているか

したがって、企業としてまず取り組むべき事項は、

151

第 6 章　労働基準監督署の調査対策を講じる

① 時間外労働・休日労働に関する労使協定（36協定）の見直し

② 36協定の範囲内での時間外労働、休日労働管理

③ 未払い残業代対策

④ 安全衛生管理体制の確立

⑤ 健康診断の実施、有所見者に対する医師等による意見聴取の実施

⑥ 有所見者に対する事後措置実施

⑦ 100時間超の時間外休日労働を行っている者からの申し出による
　面接指導

ということになります。

第2節 36協定違反を回避する

 特別条項付の36協定を締結する

　時間外労働・休日労働に関する対策として基本となるのが「時間外・休日労働に関する労使協定」の締結、通称「36協定」の締結・届出です。労働基準監督署は、この36協定が締結されているかどうかを必ずチェックします。そして、タイムカードなどの勤怠記録と照合して、実際の時間外・休日労働が36協定で定めた時間外・休日労働の限度時間の範囲内で行われているかどうかを確認し、36協定違反の時間外・休日労働の有無をチェックします。併せて、日々の勤怠記録を合計し過重労働の存在についても確認します。つまり、調査では、労働基準監督署に提出された36協定の内容が実際の時間外労働・休日労働の実態と乖離してはならないのです。

　36協定は時間外労働と休日労働の限度時間、限度回数を定めるものですので、企業は自社の残業の実態に基づいて限度時間、限度回数を定めないと、36協定で定めた限度時間、限度回数を超えて残業をさせることになります。この限度時間については、厚生労働省の「時間外労働の限度に関する基準（平成10年労働省告示第154号）」という告示により上限が設けられています。建設業や自動車運転者の業務などの一部の事業を除くすべての企業は、36協定の限度時間は、「1ヶ月（1日を超え3ヶ月以内）」、「1年間」についてこの範囲に収まるように定めることが基本になります。

第6章　労働基準監督署の調査対策を講じる

図表6－3　「時間外労働の限度に関する基準」における限度時間

期間	一般の労働者 （1年単位の変形労働時間制以外）	1年単位の変形労働時間制の対象者
1週間	15時間	14時間
2週間	27時間	25時間
4週間	43時間	40時間
1ヶ月	**45時間**	**42時間**
2ヶ月	81時間	75時間
3ヶ月	120時間	110時間
1年間	**360時間**	**320時間**

　しかし、実際には多くの会社で、この1ヶ月や1年の限度時間の範囲内で残業をさせることが難しい実態があることから、同告示では、臨時的に限度時間を超えて時間外労働を行わなければならないような特別な事情が予想できるような場合、特別条項付きの労使協定を締結すれば、限度時間を超える時間の延長をすることができるという例外措置を設けています。

　この特別条項付きの労使協定を締結するためには、次の要件を満たすことが必要になります。

第2節　36協定違反を回避する

図表6－4　特別条項で定める要件

① 　原則の延長時間
② 　限度時間を超えなければならない特別な事情
　特別の事情は次に該当すること
　　・一時的又は突発的であること
　　・全体として1年の半分を超えないこと
③ 　一定期間の途中で特別の事情が生じ、原則の延長時間を延長する場合に労使
　がとる手続きを協議、通告その他具体的に定めること
④ 　限度時間を超える一定の時間を定めること
⑤ 　限度時間を超えることのできる回数を定めること
⑥ 　限度時間を超える一定の時間を定める際、当該時間をできるだけ短くすること
⑦ 　限度時間を超える時間外労働の割増賃金率を定めること
⑧ 　限度時間を超える時間外労働の割増賃金率は、25％を超える率とするよう努
　めること

図表6－5　特別条項の例

　一定期間における延長時間は、1ヶ月45時間、1年360時間とする。ただし、
通常の生産量を大幅に超える受注が集中し、特に納期がひっ迫したときは、労使
の協議を経て、6回を限度として1ヶ月60時間まで延長することができ、1年420
時間まで延長することができる。この場合の割増賃金率は、1ヶ月45時間を超え
た場合は25％、1年360時間を超えた場合は25％とする。

　図表6－4の要件を満たした特別条項付き36協定であれば、1年の半
分つまり6ヶ月間までは、特別条項で定めた限度時間の範囲内で残業を
させることができることになります。

　この特別条項で定める1ヶ月及び1年の限度時間について、法令では
上限が定められておらず、「原則として」企業の実態に応じて限度時間
を設定することができることになっています。「原則として」とあえて
記載したのは、厚生労働省は、「過重労働による健康障害防止のための
総合対策について」（平成28年4月1日改正　基発0401第72号）という
通達を出し、各都道府県労働局に、36協定を受理する際に、労働基準監
督署において「出来る限り最小限のものとするように指導する」ことを

155

第6章　労働基準監督署の調査対策を講じる

指導しており、提出の際に厳しい指導を受けることは覚悟しなくてはなりません。

図表6-6　過重労働による健康障害防止のための総合対策について（抜粋）

> 36協定の届出に際しては、労働基準監督署の窓口において次のとおり指導を徹底する。
>
> （ア）告示に規定する限度時間を超える36協定については、限度時間を遵守するよう指導を行う。特に、**「特別の事情」を定めた36協定については、**この「特別の事情」が臨時的なものに限られるものとするよう指導する。また、過重労働による健康障害を防止する観点から、**限度時間を超える一定の時間まで延長する労働時間をできる限り最小限のものとするようにリーフレット等を活用し指導する。**
>
> （イ）限度基準に適合し、月45時間を超える時間外労働を行わせることが可能である36協定であっても、実際の時間外労働については月45時間以下とするようリーフレット等を活用し指導する。
>
> （ウ）休日労働を行うことが可能な36協定であっても、実際の休日労働をできる限り最小限のものとするようリーフレット等を活用して指導する。

出所：厚生労働省「過重労働による健康障害防止のための総合対策について」

　また、同じく厚生労働省は、平成29年4月に、「1ヶ月の残業が100時間に達した場合に行っている労働基準監督署の立ち入り調査について今後は、「80時間を超える残業のある事業所に対象を広げる」と表明しています。

　以上のことから、特別条項を設ければ、年に6回は限度時間を超えた時間を設定することができますが、月80時間を超える特別条項を定めた36協定を提出する場合は、提出時に厳しい指導を受けることや、労働基

第2節 36協定違反を回避する

準監督署の定期監督（調査）の対象先として目を付けられる可能性が高まることは認識しておく必要があります。

図表6-7 特別条項付き36協定の例

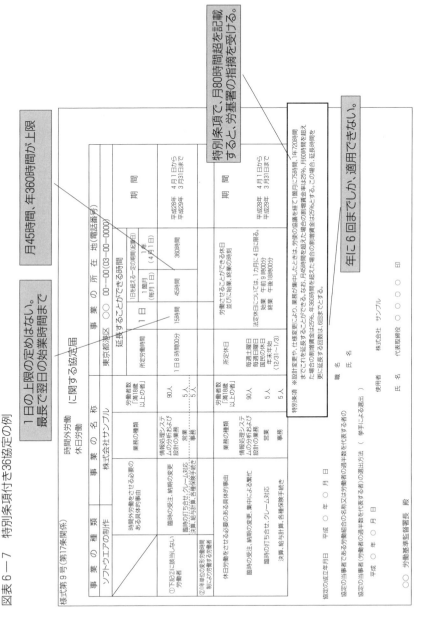

第 6 章　労働基準監督署の調査対策を講じる

限度基準時間を上回る限度時間で36協定を締結する

　特別条項付36協定を締結していても、特別条項を適用して残業をさせることができるのは１年に６回（６ヶ月）までですので、長時間労働が恒常的に行われている企業では、特別条項の限度を超えて残業をさせてしまうことになります。当然、これは労働基準法違反となります。

　この対策の一つとして、36協定の限度時間を見直し、厚生労働省の告示で定められた限度基準時間を超えた時間で通常の36協定を締結するという方法があります。この方法は、特別条項付き36協定とは関係なく、単純に36協定の限度時間を厚生労働省の告示で定める限度基準時間を超えた時間で締結するということです。

　この方法ができるなら、わざわざ特別条項付き36協定を締結する必要はないのではないかと思われるかもしれません。しかし、これは、労働基準法で定める限度基準時間を超えて労使協定を締結しているため、労働基準法第36条第３項に抵触し、労働基準法第36条第４項に基づき、労働基準監督署による行政指導の対象となります。

労働基準法第36条（時間外及び休日の労働）
2　厚生労働大臣は、労働時間の延長を適正なものとするため、前項の協定で定める労働時間の延長の限度、当該労働時間の延長に係る割増賃金の率その他必要な事項について、労働者の福祉、時間外労働の動向その他の事情を考慮して基準を定めることができる。
3　第１項の協定をする使用者及び労働組合又は労働者の過半数を代表する者は、当該協定で労働時間の延長を定めるに当たり、当該協定の内容が前項の基準に適合したものとなるようにしなければならない。
4　行政官庁は、第２項の基準に関し、第１項の協定をする使用者及び労働組

> 合又は労働者の過半数を代表する者に対し、必要な助言及び指導を行うこと
> ができる。

　このような労働基準法に抵触する36協定を締結しても、果たして労働基準監督署で受理されるのでしょうか。

　36協定の届出様式に、「時間外労働・休日労働に関する協定届」とあるように、手続きとしては許可申請ではないため、労働基準監督署の許可を必要とするものではなく、届出が形式上の要件を具備している限り、労働基準監督署は届出を受理します。したがって、過半数労働者代表または過半数組合の同意を得たものであれば、このような「厚生労働省告示」の限度時間を超える36協定であっても届出を行えば受理される性格を有しています。

　この告示限度時間を超えた時間で締結された36協定は、労働基準法第36条第3項に抵触しますが、罰則規定はありません。したがって、実際の残業時間がこの36協定の範囲内の場合、36協定自体は労働基準法には抵触しますが、実際に行われた残業そのものは罰せられないということになります。

　一方で、告示限度時間の範囲内で締結した36協定であっても、実際の残業時間が36協定の限度時間を超えてしまうと、こちらは労働基準法違反で罰則が伴います。

　どちらのケースにおいても、労働基準法違反ではありますが、実態として、残業時間が告示限度時間に収まらず、かつ、特別条項付きの36協定でも対応できない程度になっている場合においては、こうした告示限度時間を超えた36協定を締結しておくことも苦肉の策として検討する必要があるかもしれません。

　働き方改革を推進している企業において、残業時間が実際に削減され

るまでの当面の間や、上場準備期の企業や外国人実習生受け入れ企業な
ど、厳しい水準でのコンプライアンスの運用が求められ、36協定違反が
経営に大きな影響を与えかねない企業などにおいて、一時的な運用を前
提として検討の余地があります。

　しかし、労働基準法に抵触しているという事実は変わりありませんの
で、労働基準監督署への届出の際には、必ず指導を受けることになり、
労働基準監督署による臨検監督の対象となるリスクが懸念されることは
承知しておく必要があります。

図表6－8 「限度時間超の36協定」のイメージ

限度時間を超えて、協定する。

特別条項は不要

様式第9号（第17条関係）

時間外労働
休日労働　に関する協定届

事業の種類	事業の名称	事業の所在地（電話番号）
ソフトウエアの制作	株式会社サンプル	東京都港区 ○○ 00-00(03-00-0000)

事業の種類	業務の種類	労働者数[満18歳以上の者]	所定労働時間	延長することができる時間			期　間
				1日	1箇月(毎月1日)	1年(4月1日)	
①下記②に該当しない労働者							
時間外労働をさせる必要のある具体的事由	情報処理システムの分析および設計の業務	90人	1日8時間00分	15時間	75時間	900時間	平成28年 4月1日から 平成29年 3月31日まで
臨時の受注、納期の変更							
臨時の打合せ、クレーム対応	営業	5人					
決算、給与計算、各種保険手続き	事務	5人					
②1年単位の変形労働時間制により労働する労働者							

事業の種類	業務の種類	労働者数[満18歳以上の者]	所定休日	労働させることができる休日並びに始業、終業の時刻	期　間
休日労働をさせる必要のある具体的事由	情報処理システムの分析および設計の業務	90人	毎週土曜日 毎週日曜日 国民の休日 年末年始 (12/31〜1/3)	法定休日については、1カ月に4日に限る。始業 午前9時00分 終業 午後18時00分	平成28年 4月1日から 平成29年 3月31日まで
臨時の受注、納期の変更、集中中による繁忙					
臨時の打合せ、クレーム対応	営業	5人			
決算、給与計算、各種保険手続き	事務	5人			

協定の成立年月日　平成 ○ 年 ○ 月 ○ 日

協定の当事者である労働組合の名称又は労働者の過半数を代表する者の　職　名
氏　名

協定の当事者（労働者の過半数を代表する者の選出方法　（　挙手による選出　）

平成 ○ 年 ○ 月 ○ 日
使用者　氏　名　株式会社 サンプル
氏　名　代表取締役 ○ ○ ○ ○　印

○○ 労働基準監督署長　殿

第6章　労働基準監督署の調査対策を講じる

 労働時間を協定時間に収まるように管理する

　前述したいずれかの形で36協定を締結した後は、この36協定の範囲内で残業時間を含めた労働時間を管理していかなければなりません。社員一人でも36協定の限度時間の範囲を超えて残業をさせた場合、労働基準法第32条違反として処罰の対象となります。

　特別条項付き36協定を締結するか否かにより、労働基準法に抵触するパターンは以下のように異なります。

【通常の36協定（特別条項なし）を締結した場合】
① 　1日の限度時間を超えて残業をさせた場合
② 　1日を超え3ヶ月以内の期間に関する限度時間を超えて残業させた場合（多くは1ヶ月）
③ 　1年の限度時間を超えて残業させた場合

【特別条項付き36協定を締結した場合】
① 　1日の限度時間を超えて残業をさせた場合
② 　特別条項を適用できない月において、1日を超え3ヶ月以内の期間に関する限度時間を超えて残業させた場合（多くは1ヶ月を単位として締結）
③ 　特別条項で定める1ヶ月の限度時間を超えて残業させた場合
④ 　特別条項で定める1年の限度時間を超えて残業させた場合
⑤ 　特別条項の適用回数の上限を超えて残業させた場合

　上記のことからわかる通り、特別条項付き36協定を締結した場合のほうが、抵触するパターンは増えますので、多角的視点で労働時間を管理

する必要があります。

　まず、特別条項のない通常の36協定を統結した場合、全部で３通りの抵触パターンがあり、この管理は、日々の残業時間が１日の限度時間を超えていないか、日々の残業時間の合計が１ヶ月の限度時間を超えていないか、毎月の残業時間の合計が１年の限度時間を超えていないかという様に、日次・月次・年次単位でチェックします。実際には、各限度時間ギリギリで上司や社員に注意喚起しても手遅れになることが多いので、週次でチェックを行い、月次の限度時間を超えないように注意喚起を行い、月次の残業時間を毎月チェックして年次の残業時間を超えないように注意喚起をするようにします。また、ここで見落とされがちなのは日次の限度時間です。上述の通り、36協定では１日の限度時間は最高で翌日の始業時刻まで定めることができますが、これをせずに１日の限度時間を３時間や４時間などの短時間で締結していると、繁忙期やトラブル対応、クレーム処理などの緊急深夜の業務や徹夜業務で、あっという間に１日の限度時間を超えてしまいます。36協定の１日の限度時間は翌日の始業時刻まで定めておくことをおすすめします。

　次に、特別条項付き36協定を締結した場合、全部で５通りの抵触パターンがあります。この場合においても日次・月次・年次でチェックしていくことは変わりませんが、月次のチェックにあたっては特別条項が適用される月と適用されない月で１ヶ月の限度時間が変わりますので注意が必要です。

　また、特別条項付き36協定の場合、特別条項の適用回数もチェックする必要があります。特別条項の適用回数は、通達（「労働基準法第36条第１項の協定で定める労働時間の延長の限度等に関する基準の一部を改正する告示の適用について」平成15年10月22日基発第1022003号）により「特定の労働者についての特別条項付き協定の適用が１年のうち半分を超えないものとすること」と定められており、個人単位で管理するこ

第6章　労働基準監督署の調査対策を講じる

とが明示されていることから、企業全体や部署単位ではなく、個人単位でチェックする必要があります。

図表6－9　【36協定時間】月：45時間　年：360時間　特別条項・月75時間
　　　　　　年間500時間の場合

	4月	5月	6月	7月	8月	9月	10月	11月	12月	1月	2月	3月	年間	判定
社員A	30	10	22	30	40	24	36	22	10	15	16	20	270	○
社員B	10	10	10	20	0	0	46①	48②	50③	30	55④	60⑤	339	○
社員C	30	30	30	40	40	40	50①	50②	50③	50④	55⑤	60⑥	525	×
社員D	10	10	10	0	0	46①	46②	46③	46④	46⑤	46⑥	46⑦	352	×
社員E	10	10	10	10	10	10	10	10	85	10	10	10	195	×

社員一人でも、協定時間を超える時間外労働を行うと違反となる。

残業時間を月次・日次で管理できる仕組みと、管理する体制が不可欠となる。

それでは、これらを踏まえ具体的に図表6－9の例で見ていきます。この例で社員Cは、毎月の残業時間は特別条項の適用月、非適用月のいずれにおいても限度時間の範囲内ですが、年間の残業時間が限度時間をオーバーしており、36協定違反となっています。

社員Dは毎月の残業時間、年間の残業時間のいずれもが限度時間の範囲内となっていますが、特別条項の適用回数が6回を超えており、特別条項がすでに適用できないにも関わらず、月間45時間を超えて残業が行われているため36協定違反となっています。

最後に、社員Eは12月の月間残業時間が特別条項の月間の限度時間を超えているため、36協定違反となっています。

このように特別条項付き36協定の場合、社員によって1ヶ月の限度時間が変わり、画一的な管理が難しいので、月間の限度時間管理表などを

164

用いて漏れのないように管理していくことが求められます。

不払い残業代対策

 労働時間数を正しく管理する

　労働基準法において、企業が労働時間を管理しなければならないという直接的な規定はありません。しかし、企業には残業代を支払う義務と賃金台帳の作成義務があり、賃金台帳に所定労働時間数（日数）、時間外労働時間数、深夜労働時間数、休日労働時間数を記入しなければならないことになっているため、結果的として労働時間を管理・記録することが義務付けられています。

　労働時間管理にあたっては、これまで、厚生労働省通達「労働時間の適正な把握のために使用者が講ずべき措置に関する基準について」（平成13年4月6日）にもとづいて指導がされていましたが、平成29年1月20日、これにかわるものとして「労働時間の適正な把握のために使用者が講ずべき措置に関するガイドライン」が公表されました。

　このガイドラインには、「労働時間の適正な把握のために使用者が講ずべき措置」で、労働時間管理のあり方について見解を示しています。

　このガイドラインでは労働時間の管理・記録の手法として、次の4つを例示しています。

　①　タイムカードによるもの
　②　ICカードによるもの
　③　パソコンの使用時間

第3節　不払い残業代対策

④　自己申告制

　まず、最もオーソドックスなのが、①のタイムカードなどのレコーダーによるものです。最近では残業時間・深夜労働・休日労働を個別に自動集計する機能をもったタイムレコーダーも登場し便利になってきています。次に、②のICカード等を利用した、ITによる就業管理システムによるものがあります。労働時間の集計が簡便なだけでなく、給与計算や人事ソフトとリンクして、人件費や人事評価等の経営に必要な人事情報も提供してくれます。最近では、Webによる勤怠管理システムが主流になりつつあり、出勤や退勤、有給休暇等の勤怠に関する承認まで行え、労働時間管理の手間もかなり軽減されてきています。

　こうした機器を導入しない場合、③のパソコンの使用時間（ログイン・ログオフの時刻）で労働時間を管理する方法が挙げられていますが、これはシステム、上記録を抽出すること自体が煩雑であり、また、必ずしもパソコンの使用時間が本人の使用時間とは限らない場合や、社内のシステム管理者によるメンテナンスなどにより、イレギュラーな時間が本人のパソコン使用時間とは関係なく記録されるなど、本人の使用時間を識別するのが煩雑となるケースも多々想定され、おすすめしません。ここで注意しなければいけないのは、①や②のような記録の仕組みがない場合、労働基準監督署はパソコンの使用時間に着目して労働時間の調査が行われる可能性があり、最近の臨検監督ではこうした調査傾向も見受けられますので、適切な記録の仕組みを導入しておく必要があります。

　そして、④の社員による自己申告制は、労働時間記録としての客観性に乏しいため、自己申告制の記録が適正な労働時間記録として成立させるためには厳格な措置を講じることが求められますので、自己申告制による労働時間管理はおすすめしません。

　また、どのような仕組みで労働時間を記録するとしても、労働時間は1分単位で記録、計算することが原則です。例外として認められている

167

のは、1ヶ月の時間外労働、休日労働および深夜労働の各々の時間数の合計に1時間未満の端数がある場合において、30分未満の端数を切り捨て、それ以上を1時間に切り上げるケースのみです。これもあくまで1ヶ月単位での端数処理であり、日々の労働時間についての切り上げ、切り捨てではないことに注意して下さい。

 割増賃金を正しく計算する

割増賃金を正しく計算するには、法律に基づく正しい計算式と正しい計算基礎、そして、残業の状態に応じて異なる割増率の正しい適用について理解する必要があります。この計算ルールは労働基準法に基づく強行規定ですから、仮に社員と合意の上であっても、計算ルールを変えたり、割増賃金の支払いを免れることはできません。

図表6−10　状況に応じて異なる割増率

区分	割増率
時間外労働（60時間以内）	2割5分以上
時間外労働（60時間超）	5割以上
深夜労働	2割5分以上
深夜労働（時間外労働60時間以内）	5割以上
深夜労働（時間外労働60時間超）	7割5分以上
休日労働	3割5分以上
休日深夜労働	6割以上

割増賃金の計算式は図表6−11のとおりとなっており、これに基づいて計算しなければなりません。計算の基礎には諸手当も含めなければなりません。しかし、多くの企業ではこの諸手当の含め方について、企業

第3節　不払い残業代対策

の勝手な解釈や都合によって行われ、諸手当の含め方を間違い、割増賃金が一部不払いとなり、トラブルとなるケースが後を絶ちません。

図表6-11　割増賃金の計算式

（基本給＋諸手当）÷月平均所定労働時間数（※）

※月平均所定労働時間数とは、1年間の所定労働時間の1ヶ月平均のことを指し、次のような計算式で算出します。なお、ここでいう1年間の所定労働時間を算出する際の起算日は企業の決算などの事情に応じて企業の裁量で決められます。
月平均所定労働時間数
＝ ｛(365日－年間休日）×1日の所定労働時間｝÷12ヶ月

　割増賃金の計算基礎から除外することができる諸手当は、次のものが労働基準法で認められているだけであり、これらは限定的に列挙されたものであるため、これ以外の諸手当はすべて含めて割増賃金の計算基礎に含めなければなりません。

　また、これらの諸手当は「単に名称によるものでなく、その実質によって取り扱うべきもの」とされており、家族手当という名称であったとしても、家族の人数の増減に関係なく一定金額が支給される場合や、通勤手当という名称で、交通費の額に関係なく一定額が支給される場合など、手当の名称と支給実態が異なる場合は、割増賃金の計算基礎とされるので注意が必要です。

図表6-12　割増賃金の計算基礎から除外できる手当

①家族手当　②通勤手当　③別居手当　④子女教育手当　⑤住宅手当
⑥臨時に支払われた賃金（結婚祝金、見舞金等）
⑦1ヶ月を超える期間ごとに支払われる賃金（賞与等）

管理監督者の対応を適正に行う

　次に注意しなければいけない点として管理監督者に対する残業代支払いの取扱いが挙げられます。労働基準法第41条第2号でいう「監督若しくは管理の地位にある者」、いわゆる管理監督者については、労働時間・休憩・休日の取扱いが除外されるため、残業に対する割増賃金の支払いは必要ありません。ただし、管理監督者であっても、深夜労働に対する割増賃金の支払いは必要となります。

　この管理監督者に対する取扱いで問題になるのは、この管理監督者の解釈、範囲についてです。

　多くの企業では、この管理監督者について企業の都合、勝手な解釈で取り扱っていることが多く、かなり広範囲の役職者について管理監督者として取り扱い、残業代支払いの対象から除外しています。しかし、企業の解釈する管理監督者と、労働基準法第41条第2号でいう「監督若しくは管理の地位にある者」の解釈が、かなり相違があるのが実態です。

　厚生労働省は、平成20年4月1日、全国の労働局に、企業に対して適切な監督指導を行うよう一斉通達し、管理職といえるかどうかは労働基準法に基づき、職務権限や出退勤の自由度、処遇などに応じて判断することとしました。通達は「近年、十分な権限や相応の待遇を与えていないにもかかわらず、管理職として扱っている例もあり、なかには著しく不適切な事案もみられる」として監督の徹底を求めるようになりました（「管理監督者の範囲の適正化について」平成20年4月1日付け基監発第0401001号）。

　その後も厚生労働省は平成20年9月9日に「多店舗展開する小売業、飲食業等の店舗における管理監督者の範囲の適正化について」という通達を出し、その中で多店舗展開をしているチェーン店の店長等に対する

第3節　不払い残業代対策

管理監督者性の具体的な判断要素を示しています。

　そこでは、採用・解雇・人事考課・労働時間管理などの「責任と権限」、自身の遅刻・早退、労働時間に関する裁量、部下との勤務態様の相違といった「勤務態様」、基本給や手当の優遇、賃金総額、時間単価といった「賃金等の処遇」について具体的な基準を示しました。

図表6—13　管理監督者の判断基準

| ①　経営者と同じ立場で仕事していること |
| ②　出社、退社や勤務時間について厳格な制限を受けてないこと |
| ③　その地位にふさわしい処遇がなされていること |

　つまり管理監督者は、職制上の役職者のうち、労働時間、休憩、休日等に関する規制の枠を超えて活動することが要請されざるを得ないほど、重要な職務と責任を有した者に限定されているのです。

　したがって、企業が不適切な形で管理監督者を解釈し、広範囲の社員に対して管理監督者として取り扱い、残業代を支払わないことは労働基準法に抵触することになります。

　そして、最近の労働基準監督署の臨検監督においては、上記通達により、企業の管理監督者の取扱いについて、より踏み込んだ指導が行われているケースが増えています。

　こうした現状を踏まえ、企業は労働基準法第41条第2号の解釈を適切に行い、残業代支払いの対象としない管理監督者の範囲を上記3つの要件を踏まえて適切に設定することが必要です。場合によっては、組織体制の見直しと人事制度の見直しにも踏み切り、組織体制を踏まえ、賃金体系や賃金テーブルをはじめとした処遇について適切な格差を設けるなどの対応が必要です。

171

4 定額残業制度で人件費の上昇を防ぐ

　働き方改革を推進し、残業時間が削減され、過重労働状態を解消し、残業時間に基づいて適正に残業代が支払われる状態になるまでの間においても、限られた人件費の中で、残業代を合法的に支払っておくことが必要です。

　こうした状況の中で、不払い残業代のリスクを少しでも小さくしておくために、定額残業代を導入することが考えられます。

　定額残業制とは、企業が手当や給与の一部を残業代として支払う方法をいいます。この定額残業制については、過去に何度もその合法性について裁判で争われ、結果として図表6—14の要件を満たした場合、あらかじめ一定時間の時間外労働がある前提で、定額の残業代を支払うことは合法であるとの考え方が確立しています。これらの判決により明らかなことは、どの部分が残業代で、それが何時間分であるかということ、その計算方法が適法であること、あらかじめ見込んでいた時間を超過した場合は、別途支給するということが定額残業制度の導入要件とされています。

図表6—14　定額残業代が合法とみなされる要件

① 就業規則において、賃金（基本給や手当）に、時間外労働、深夜労働、休日労働の割増賃金を含むことを規定する
② 労働契約、労働条件通知、賃金辞令等で、本人に、賃金に含まれる残業代部分が明確に区分されて示されていること
③ 賃金に含めたことにした時間数を超えた分については、別途差額を支払うことおよびその合意ができていること

　最近の判例では、図表6—14の①から③のすべてを満たさないと定額

残業代として認められないと判じられたものもあり、定額残業代の導入に対する要件が厳しくなっている点については十二分に認識し、導入を慎重に検討する必要があります。

　それでは、実際に定額残業制を導入する際の考え方をご紹介します。これまで、営業社員には営業手当を支給していただけで、別途残業代を支払っていなかった企業が、定額残業制に移行するような場合は、これまでの営業手当を定額残業代として改めて位置づけることが考えられます。

　しかし、実際に企業が支給している営業手当が少額の場合、これでは発生が想定できる残業時間数をカバーすることができないため、手当の加算が必要となります。この場合、時間数の上乗せ分が手当に加算されますので、人件費が増加することになってしまいます。

　こうした人件費の増加を避けるためには、次のように、支給総額は変えずに基本給を引き下げ、定額残業代として営業手当を増やすように、

第6章　労働基準監督署の調査対策を講じる

賃金の洗い替えを行うことが必要です。

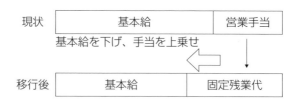

もちろんこの場合は、基本給部分が減額となり、不利益変更されたことになりますので、不利益変更手続きを適切に行う必要があり、この点についても注意が必要です。

このように、支給する賃金総額は変えずに、ある程度の残業時間数が手当に含まれるように、基本給を引き下げ、定額残業代相当の手当を増やす内訳をつくるための計算方法は次のとおりです。

図表6—15　定額残業代の計算方法

```
月平均所定労働時間…①
固定残業時間     …②
総支給額※1      …③
固定残業代       …X

{(③−X) ÷①} ×1.25※2×② ＝X
基本給 ＝ ③ − X
基本給 ÷ ① ≧ 最低賃金
```

※1　総支給額には、割増賃金の算定基礎に含まれない手当は含めない。
※2　計算式中の1.25は時間外労働の割増率
（注）この計算式は、割増率が一律25％の場合に適用されるもので、月60時間以上の残業に対する割増率50％が適用される場合には対応していない。

具体例として、基本給280,000円、営業手当20,000円の総支給額300,000

円、月平均所定労働時間160時間、定額残業代として含めたい残業時間数20時間の想定で計算してみると、

```
(300,000 − X) ÷ 160 × 1.25 × 20 = X
X ≒ 40,541円  →  41,000円
```

となり、総支給額300,000円のうち40,541円を、定額残業代の営業手当とすることができます。実際にはこの端数を41,000円切り上げて営業手当として設定し、差額の259,000円を基本給とします。

```
総支給額　300,000円
（内訳）基本給　　259,000円
　　　　営業手当　41,000円（定額残業代）
```

最後に、基本給を所定労働時間160時間で除して、最低賃金を上回っていることを確認します。

 不払い残業に対する労働基準監督署のスタンス

労働基準監督署の臨検監督における「不払い残業代」に対する考え方についてもご説明します。

まず、労働基準監督署による臨検監督の位置づけが、「申告監督」か「定期監督」かによって大きく異なります。一言で言えば、労働基準監督署の調査のきっかけが、「労働者による申告」によるものなのか、「労働基準監督署による定期的な調査」なのかどうかということです。

第6章　労働基準監督署の調査対策を講じる

　労働者からの申告に基づく「申告監督」の場合、労働基準監督署に申告してきた労働者が直接的に不利益を被っていると認識しているため、労働基準監督署は労働者の不利益を回復させる、問題を解決するために臨検監督を行いますので、労働基準監督署の裁量で指導する余地は小さく、申告してきた労働者の意向を踏まえて指導を行います。したがって、企業の労働時間管理体制やコンプライアンスに対する意識、不払い残業代の内容といった、企業の体質が労働基準監督署の指導内容に影響を及ぼす余地が小さいため、労働者が2年分の不払い残業代の支払いを労働基準監督署に申告すれば、2年分の不払い残業代の支払いを指導してきます。

　申告監督ではなく、労働基準監督署による「定期監督」の場合は指導内容が異なってきます。定期監督の場合、担当する労働基準監督官が、主に図表6—16のような観点から企業の悪質性の程度を判断して、指導内容、勧告内容を決めていきます。

図表6—16　労働基準監督官が悪質性を判断する視点

①　過去にも同様の指導を受けている
②　担当者との面会や臨検監督当日までに時間を要する
③　求めに応じた資料を提出しない、提出するまで時間を要する
④　提出した資料に整合性がない、改ざんした形跡がある
⑤　コンプライアンス意識が低い
⑥　管理体制が脆弱
⑦　将来に向かって改善する意欲や力が感じられない

　上記の各種ポイントで共通するのが、将来に向かって改善する姿勢、問題解決していく姿勢が弱いということです。上記の対応はすべて臨検監督に対して逃げ腰の対応であり、こうした対応は労働基準監督官の心証を悪くし、深く追求されるきっかけを与えるだけでなく、臨検監督に対する是正報告が完了した後も、引き続きマークされることに繋がります。

第3節　不払い残業代対策

　不払い残業代に関する指導を例にとって考えていきます。上述の悪質性の観点に基づくと、過去にも不払い残業代で指導されているにも関わらず、再度不払い残業代が発覚しているということは残業代を適切に支払う仕組みができていない、また、将来に向かってその仕組を構築する意欲がないと考えられます。

　次に、臨検監督までに時間がかかったり、求めに応じた資料を提出できない、これに時間がかかるということは、その間に対応を協議したり、資料を改ざんしたり、隠滅を図ろうとしているのではないかと疑われる可能性があります。応対する者が、ケンカ腰や開き直りの姿勢、答弁であったりすると、コンプライアンス意識が低い、管理体制が脆弱、将来に向かって改善する意志がないと判断されてしまう可能性があります。

　こうしたことで、悪質性が高いと判断されてしまうと、企業の自助努力だけでは改善されないとして、不払い残業代の最長遡及期間である2年間までを遡って不払い残業代を支払うよう指導されることがあります。

　反対に、悪質性が低い、将来に向かって改善できる力があると判断されると、不払い残業代の遡及期間については、3ヶ月から6ヶ月程度の短期間での指定、または労働基準監督署から遡及期間については指定せず、企業の自主判断に委ねるケースが増えてきています。悪質性が低い場合には、遡及による不払い残業代の支払い自体が求められず、将来に向かっての支払い体制が整えられればよいとするケースも稀ながら見受けられます。多額の不払い残業代の支払いは経営にも大きな影響を及ぼすため、案件ごとに労働基準監督官の判断に差異が生じ、その公平性が問われることとなることを懸念したため、遡及期間を具体的に指導しないという側面もあるようです。

　企業としては悪質と判断されないように対応することと、日頃から取り組めることは実行し、企業として過重労働対策に取り組む姿勢を打ち出し、将来に向かって改善できる仕組み、姿勢がある、悪質な企業であ

177

第6章　労働基準監督署の調査対策を講じる

ると疑われないようにしておくことが何よりも重要です。

第4節 もし労働基準監督署の調査が入ったら

労働基準監督官の権限

　労働基準監督署には労働基準監督官が配置されており、労働基準法や労働安全衛生法（以下、安衛法という）、最低賃金法などの法律の施行に関する事務を取り扱っています。また、労働基準監督官には、二つの権限が与えられています。一つは行政上の権限を与えられており、企業への立入調査をしたり、帳簿・書類の提出を求めたり、使用者や労働者に尋問などをすることが可能です。もう一つは特別司法警察職員としての権限を与えられており、強制捜査、事情聴取、証拠物の押収や逮捕・送検などをすることが可能となっています。同じような職業で税務署の税務調査官がありますが、税務調査官の場合は、このような警察的な権限は与えられていないため、労働基準監督官は、その点が特徴的だと言えます。

第6章 労働基準監督署の調査対策を講じる

図表6－17　労働基準監督官の権限

権限	内容
行政上の権限	・事業所・寄宿舎等への立ち入り ・帳簿・書類の提出 ・使用者・労働者に対する尋問 ・使用者・労働者に対する報告・出頭命令
特別司法警察職員としての権限	・強制捜査 ・事情聴取 ・証拠物の押収 ・逮捕・送検 　（現行犯の場合は捜査令状不要）

 労働基準監督署の調査とは

　労働基準監督署の調査とは、労働基準監督官が、労働基準法の違反の有無を調査する目的で、事業場等に立ち入ることをいい、正式には「臨検監督」と呼びます。

　臨検監督は、次の4つに分けられます。

第4節　もし労働基準監督署の調査が入ったら

図表6—18　臨検監督の種類

区分	内容
定期監督	労働基準監督署のメインとなるもので、定期的に、経済情勢、労働災害発生状況、地方労働行政運営方針などに基づき、重点業種や重点ポイントを定めて調査を行う
申告監督	現在、企業に在籍している労働者や退職者から、不払い残業代や不当解雇等の法令違反について労働基準監督官に申告があったときに、内容を調査するために行う
災害時監督	重大な労働災害が発生した場合に、その災害の原因の究明や再発防止のために調査を行う
再監督	過去に労働基準監督官から指導を受けたが、指定期日までに是正報告書が提出されない場合や、企業の対応が悪質な場合に再度調査を行う

労働基準監督官の、来社パターンは、主に次のように分かれます。

図表6—19　労働基準監督官の来社パターン

① 予告もなしに労働基準監督官が企業に来る
② 事前に調査日時や必要書類類等を記載した書面がFAXが来る
③ 電話連絡で、調査に入る連絡が来る

3　臨検監督への対応フロー

　労働基準監督署の調査、特に定期監督や申告監督の場合の調査の手順は、概ね次のような流れで行われます。

181

第6章　労働基準監督署の調査対策を講じる

図表6―20　臨検監督実施の流れ

場所	内容
対象事業場	①調査対象事業場の事業の概況、組織体制、勤務状況の聴き取り ②労働関係帳簿（労働者名簿、賃金台帳、タイムカード）、労働条件通知書、就業規則、各種労使協定書、機械点検整備記録、委員会議事録、安全衛生管理資料、労働法関連届出書類などの資料調査 ③文書調査を踏まえた、経営者、管理監督者、総務人事担当者への聴き取り調査 ④③の聴き取り調査を踏まえた現場調査、および現場責任者、現場担当者への聴き取り調査 ⑤④の現場調査を踏まえた、経営者、管理監督者、総務人事担当者への聴き取り調査 ⑥調査資料の回収、不足資料の依頼（郵送） 〜調査終了〜
労働基準監督署	⑦不足資料の提出、追加聴取（電話・郵送） ⑧回収資料の調査 ⑨労働基準監督署からの出頭要請（来社の場合もあり） ⑩是正勧告書・指導票の交付

　基本的には、事業場へ訪問し、関係者への聴き取り、資料調査、事業場の実地調査、資料回収が行われ、後日、労働基準監督署の調査終了後に、労働基準関係法令に対して違反があり、改善が必要な場合は、「是正勧告書」「指導票」などの書面が交付されます。

182

第4節 もし労働基準監督署の調査が入ったら

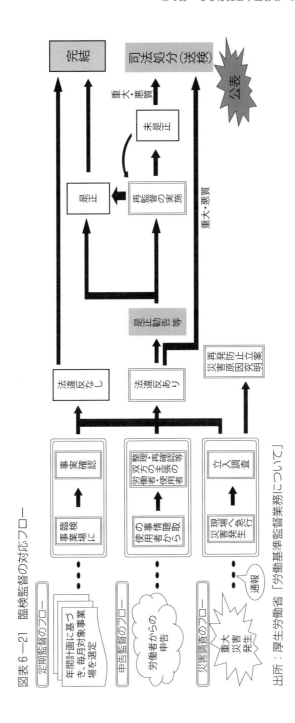

図表6-21 臨検監督の対応フロー

出所：厚生労働省「労働基準監督業務について」

183

第6章　労働基準監督署の調査対策を講じる

 是正勧告書

　労働基準関係法令の違反に対して行われる行政指導のことを是正勧告と言います。その違反行為に対して交付されるものが是正勧告書であり、是正勧告書が交付された場合は、指定された期日までに、指摘された部分を改善し、是正報告書を労働基準監督官に提出する必要があります。

図表6—22　是正勧告書

　　　　　　　　　　是　正　勧　告　書

　　　　　　　　　　　　　　　　　　　　　　平成○年○月○日

　株式会社○○○○
　代表取締役○○　○○殿

　　　　　　　　　　　　　　　　　　　　○○労働基準監督署
　　　　　　　　　　　　　　　　　労働基準監督官　　○○　○○　㊞

　　貴事業所における下記労働基準法、労働安全衛生法違反、＿＿＿＿
　違反及び自動車運転者の労働時間の改善のための基準違反については、
　それぞれ所定期日までに是正の上、遅滞なく報告するよう勧告します。
　　なお、法条項に係る法違反（罰則のないものを除く。）について、所
　程期日までに是正しない場合又は当該期日前であっても当該法違反を原因
　として労働災害が発生した場合には、事案の内容に応じ、送検手続をとる
　ことがあります。
　　また、「法条項等」欄に□印を付した事項については、同種違反の繰
　り返しを防止するための点検責任者を事項ごとに指名し、確実に点検補修
　を行うよう措置し、当該措置を行った場合にはその旨を報告してください。

法条項等	違 反 事 項	是正期日
労基法第32条	時間外労働に関する協定がないにも関わらず、時間外労働を行わせていること	即時
労基法第37条	時間外労働に対し、2割5分以上の率で計算した割増賃金を支払っていないこと	○○・○・○
安衛法第12条	常時50人以上の労働者を使用する事業場であるのに、衛生管理者を選任していないこと	○○・○・○
受領年月日
受領者職氏名	平成○年○月○日
総務部長　○○　○○　㊞	

184

指導票

　労働基準関係法令違反にはならないものの、より改善した方が良いと思われる事実が発見された場合や法令違反になる可能性がある場合にそれを未然に防止するという意味で労働基準監督官が交付するものが指導票になります。

　指導票が交付された場合は、是正勧告書と同じく、指定された期日までに、指摘された部分を改善し、改善報告書を労働基準監督官に提出する必要があります。

図表6−23　指導票

```
                    指　導　票

                                        平成〇年〇月〇日
  株式会社〇〇〇〇
  代表取締役〇〇　〇〇殿

                                      〇〇労働基準監督署
                            労働基準監督官　〇〇　〇〇　㊞

  あなたの事業場の下記事項については改善措置をとられるようにお願いします。
  なお、改善の状況については〇月〇日までに報告してください。

 ┌─────────────────────────────────────┐
 │ 指　導　事　項                                                   │
 ├─────────────────────────────────────┤
 │ 1．タイムカードに記録されている時間外労働時間と、労働者の申請により │
 │   時間外労働の支払いの対象とされている時間について、大きな開きが認め │
 │   られます。                                                     │
 ├─────────────────────────────────────┤
 │ 2．振替休日について、事前に振り替えるべき休日が特定されていない、    │
 │   同一賃金計算期間内に振替休日が設けられていない等の問題が認められる │
 │   ことから、振替休日制度の運用を見直して下さい。                  │
 │     また、未消化となっている振替休日に関しては、適正な割増賃金を    │
 │   支払って下さい。                                                │
 └─────────────────────────────────────┘

 ┌───────────┬─────────────────────┐
 │ 受領年月日         │ 平成〇年〇月〇日                         │
 │ 受領者職氏名       │ 総務部長　〇〇　〇〇　㊞                 │
 └───────────┴─────────────────────┘
```

過重労働による健康障害の防止について

　労働基準監督署が臨検監督を行い、タイムカード等の勤怠記録から1ヶ月あたり45時間を超えて時間外・休日労働が行われていると認められる場合に、過重労働による健康障害を防止するための指導として、是正勧告書と併せて交付されるか、是正勧告書による指導事項がない場合にはこの書面のみ交付されます。

　この書面が交付された場合の対応方法については後述しますが、過重労働による健康障害を防止するための体制や仕組みを構築し、改善報告書という形でその内容を報告する必要があります。

第4節　もし労働基準監督署の調査が入ったら

図表6—24　過重労働による健康障害防止について

平成○年○月○日

（事業の名称）株式会社○○○○○
（代表者職氏名）　代表取締役○○　○○　　　殿
（事業場の名称）○○○○

○○○労働基準監督署
官名　労働基準監督官　　氏名　○○　○○

過重労働による健康障害防止について

　　過重労働による健康障害を防止するため、貴事業場においては、☑を付した事項について、改善等の措置を講じてください。
　　なお、改善等の状況については、○月○日までに報告してください。

記

□1　時間外・休日労働を1か月当たり80時間を超えて行わせ、かつ、面接指導等の措置を希望する旨の申出を行った労働者について、面接指導等の措置が実施されていないことから、速やかにこれを実施するよう努めること。

□2　時間外・休日労働を、1か月当たり100時間を超えて行わせた労働者又は2ないし6か月の平均で1か月当たり80時間を超えて行わせた労働者について、医師による面接指導等の対象とされているにもかかわらず、これが実施されていないことから、速やかにこれを実施するよう努めること。

□3　時間外・休日労働を、1か月当たり100時間を超えて行わせた労働者又は2ないし6か月の平均で1か月当たり80時間を超えて行わせた労働者について、面接指導等を実施するよう努めること。なお、その際には、衛生委員会等により調査審議を行う（常時50人未満の労働者を使用する事業場の場合には、労働安全衛生規則第23条の2に基づく関係労働者の意見を聴くための機会等を利用して関係労働者の意見を聴取する）よう努めること。

□4　時間外・休日労働を1か月当たり45時間を超えて行わせた労働者であって、健康への配慮が必要な者について、面接指導等を実施する対象とされているにもかかわらず、これが実施されていないことから、これを実施するように努めること。

☑5　「長時間にわたる労働による労働者の健康障害の防止を図るための対策の樹立に関すること」のうち、以下の項目のうち☑を付したものについて、衛生委員会等において速やかに調査審議を行う（常時50人未満の労働者を使用する事業場の場合には、労働安全衛生規則第23条の2に基づく関係労働者の意見を聴くための機会等を利用して速やかに関係労働者の意見を聴取するようにする）こと。
　　また、その結果に基づき、必要な措置を講ずるよう努めること。
　☑①　面接指導等の実施方法及び実施体制に関する事項
　☑②　面接指導等の申出が適切に行われるための環境整備に関すること
　☑③　面接指導等の申出を行ったことにより当該労働者に対して不利益な取扱いが行われることがないようにするための対策に関すること
　☑④　面接指導等を実施する場合における「事業場で定める必要な措置の実施に関する基準」の策定に関する事項
　☑⑤　事業場における長時間労働による健康障害防止対策の労働者への周知に関する事項

187

第 6 章　労働基準監督署の調査対策を講じる

☑ 6　時間外・休日労働時間を 1 か月当たり 45 時間以内（※ 1）とするよう削減に努めること。
　　　また、そのための具体的方策を検討し、その結果、講ずることとした方策の着実な実施に努めること。

☐ 7　貴事業場においては、
　　　時間外・休日労働時間が 1 か月当たり 80 時間を超える労働者が_____人、
　　　　うち、1 か月当たり 100 時間を超える労働者が_____人、
　　　（1 か月当たりの時間外・休日労働時間が最も長い者の時間外・休日労働時間数_____時間）
　　　認められる。
　　　時間外・休日労働時間を 1 か月当たり 80 時間以内（※ 2）とするための具体的方策を検討し、その結果、講ずることとした方策を　　月　　日までに実施すること。
　　　また、時間外・休日労働時間を 1 か月当たり 45 時間以内（※ 1）とするための具体的方策を併せて検討し、その結果、講ずることとした方策の着実な実施に努めること。

☐ 8　面接指導等を実施するに当たり、労働者による申出が適切になされるようにするため、労働者が自己の時間外・休日労働時間数を確認できる仕組み等を予め定めるなど、必要な措置を講じ、これを労働者に周知徹底すること。

※ 1, 2　時間外・休日労働協定で定めた上限時間を超える時間外・休日労働は違法となるので注意が必要です。
※ 2　特別延長時間まで労働時間を延長できる回数（月数）の上限に達している労働者については、時間外労働協定で定めた延長時間を超えると法違反となりますので注意が必要です。

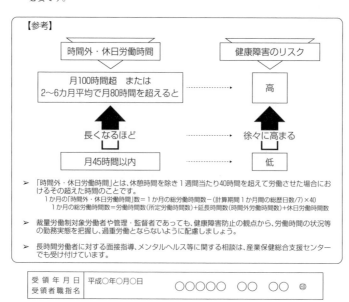

188

第4節　もし労働基準監督署の調査が入ったら

 是正報告書

　是正勧告を受ける際、是正勧告書とともに是正報告書の書式が労働基準監督署から渡されます。企業は是正勧告や指導に対する是正内容および是正完了年月日を記載して、是正内容に関する証拠書類（時間外労働に対する割増賃金不払いの場合、支払いが確認できる賃金台帳や銀行振り込みの控えなど）を添付して提出します。

　なお、是正項目が多い場合や、組織や制度の見直しなど大掛かりな対応を必要とする場合で是正期日まで間に合わないような場合は、事前に労働基準監督署に連絡し、是正期日を延期してもらうようにして、確実に是正することが重要です。

図表6—25　是正報告書

```
              是正（改善）報告書
                            平成○年○月○日
   ○○労働基準監督署長　殿

                事業所の名称   株式会社○○○○
                事業所所在地   ○○○　○○○　○○○
                使用者職氏名   代表取締役　○○　○○　㊞

平成○○年○○月○○日に、○○　○○労働基準監督署から指摘を受けた
労働基準法・労働安全衛生法違反および指摘事項について下記のとおり
是正（改善）したので報告します。
```

違反の法条項 指摘事項	是　正　内　容	是正完了 年月日
労基法第32条	従業員代表と労使協定を締結し、届出をしました。	○月○日届出 是正済み
労基法第37条	時間外労働に対し、平成○○年○月から○月まで再計算し、平成○年○月○日に支払いました。	○月○日支払 是正済み
安衛法第12条	衛生管理者の選任報告書を平成○年○月○日に届出をしました。	○月○日届出 是正済み

189

第6章　労働基準監督署の調査対策を講じる

図表6—26　改善報告書

改善報告書

平成○年○月○日

○○労働基準監督署長　殿

事業の名称　　株式会社　　　　　○○○○
代表者氏名　　代表取締役社長　○○　○○
所　在　地　　　○○○　○○○　○○○

　平成○年○月○日　貴署○○　○○監督官による指導事項について、下記のとおり報告します。

記

1．指導事項
　　時間外・休日労働を1か月あたり80時間以内とするための具体的方策を検討し実施すること。また、時間外・休日労働を1か月あたり45時間以内とするための具体的方策と併せて検討し、その結果、講ずることとした方策の着実な実施に努めること。

2．改善策
　　36協定に違反の発生原因としましては、管理職の労働時間に対する認識の甘さ、管理体制の不足が挙げられます。今後、全社をあげて労働時間についての意識改革を行うとともに、次の対策を講じ時間外労働の抑制をはかることといたしました。

　　（1）本社は、店舗責任者会議等を通じ、各店舗の労働時間について継続的に管理・指導を行う。
　　（2）各店舗責任者は、日々の業務量の繁閑を適切に予測し、業務量に応じた適正な勤務シフト体制を組むように努力する。
　　（3）社員が、時間外労働を行う場合は、店舗責任者に事前承認を受けることとする。
　　（4）各店舗責任者は、週1回本部に、時間外労働・休日労働の状況報告を行い、本部の指示を受けることとする。

以上

　労働基準監督署の調査の結果、是正勧告を行ったにも関わらず改善が見られない場合は、地方検察庁に送検され、最終的に罰則の適用を受けることがあります。過重労働に関する法令違反の罰則は、次のようになっています。

図表6—27　法令違反に関する主な罰則

罰則	違反内容
6ヶ月以下の懲役又は30万円以下の罰金	36協定違反
	休憩時間を与えない又は法定休憩時間より少ない
	割増賃金不払い
50万円以下の罰金	安全管理者の未選任
	衛生管理者の未選任
	健康診断の未実施

4　労働時間に関する指摘事項への対応の仕方

1　労働時間・休日に関する違反

　最もよく指摘される事項は36協定違反です。36協定違反には大きく分けて二つのケースがあります。一つは36協定の有効期間が切れている（失効状態）か36協定が提出されていない状態で残業をさせているケース、もう一つのケースは36協定はあるものの、協定で定めた限度時間を超えて残業をさせているケースです。前者の場合は36協定を新たに締結し提出すれば良いわけですが、問題は後者です。

　協定で定めた限度時間を超えている場合、主な対応方法としては2つあり、一つは残業時間の削減策を講じて、現在有効な36協定の限度時間の範囲内に全社員の残業時間を収めること。もう一つは現在有効な36協定の限度時間を見直し、前述したように、限度基準を超えて時間を定めるか、特別条項付き協定で対応するかのいずれかとなります。

第6章 労働基準監督署の調査対策を講じる

図表6－28　36協定に関する勧告例と報告例（36協定未締結）

法条項	違反事項	是正期日
労基法 第32条 第106条第1項	労働基準法第36条で規定する労使協定を労働基準監督署に届け出ず、労働者にも周知させず、法定労働時間を超えて時間外労働を行わせていること。	即日

違反の法事項 指導事項	是正内容	是正完了 年月日
労基法 第32条 第106条第1項	別添の通り、時間外・休日労働に関する労使協定を平成○年○月○日締結し、労働基準監督署に届出を行い、届出控えを社員食堂の社内掲示板に掲示し、社員に周知いたしました。	平成○年 ○月○日

図表6－29　36協定に関する勧告例と報告例（36協定有効期間失効）

法条項	違反事項	是正期日
労基法 第32条	労働基準法第36条による労使協定の有効期間が満了した後も、労働基準監督署に労使協定書を新たに届け出ることなく、労働者に法定労働時間を超えて時間外労働を行わせていること。	平成○年 ○月○日

違反の法事項 指導事項	是正内容	是正完了 年月日
労基法 第32条	別添の通り、時間外・休日労働に関する労使協定を平成○年○月○日締結し、労働基準監督署に届出を行いました。	平成○年 ○月○日

② 割増賃金に関する違反

　割増賃金違反に関する指摘内容は、当然、不払いに関するものになります。一口に不払いと言っても、その内容は大きく9つに分類されます。

第4節　もし労働基準監督署の調査が入ったら

図表6─30　割増賃金違反の類型

① 完全な不払い
② 労働時間数を毎日1時間単位や30分単位で切り捨てている
③ 1ヶ月の残業時間の上限を定め、上限時間以上の時間について不払いがある
④ 特定の手当を不適切に定額残業代として位置づけている
⑤ 割増賃金の計算基礎が間違っている
　（手当を不当に割増賃金計算の算定基礎から外しているなど）
⑥ 割増賃金率が間違っている
　（法定休日労働であるにも関わらず、割増賃金率を2割5分で計算しているなど）
⑦ 管理監督者に深夜割増賃金を支払っていない
⑧ 管理監督者の範囲を不適切に拡大解釈し、割増賃金を支払っていない
⑨ 年俸制に残業代を含めている　など

　是正勧告に対する報告文書としては、こうした類型に応じて様々な文案が考えられますが、共通するのは、適正に過去に遡及して支払ったという内容の報告を行うことです。前述の通り、最近では遡及の期間について、企業の裁量で判断するケースが増えていますので、遡及の期間に関する考え方や、その清算期間や清算内容について社員の理解、合意も得たうえで、適正に行っていることについても書き添えられると、報告文書としての説得力、合理性が増してきます。

第6章 労働基準監督署の調査対策を講じる

図表6－31　割増賃金違反に関する勧告例と報告例

法条項	違反事項	是正期日
労基法 第37条	正当な理由なく、所属労働者の平成○年○月○日から同年○月○日までの時間外労働（法定外労働）に対して、法定の割増率以上の率で計算した割増賃金を支払っていないこと。	平成○年○月○日

違反の法事項 指導事項	是正内容	是正完了年月日
労基法 第37条	平成○年○月○日～平成○年○月○日の残業時間について、対象者○名に対して平成○年○月○日に清算いたしました。（賃金台帳と振込明細表を添付いたします） 今回の遡及期間と清算額の精査にあたりましては、確実な把握と認定が困難なことから、今までの当社で行われてきた社員各自の繁忙等に対する夏季・冬季の賞与での勘案と支給が行われてきた経緯を踏まえ、過去○ヶ月間（平成○年○月～平成○年○月）の社員平均残業時間を基準にし、かつ、平成○年○月支給の夏季賞与額を踏まえて、清算額を決定いたしました。 なお、これら清算額については、各社員から同意を取得し、その妥当性の確認も行いましたことを申し添えます。（異議申立者なし）	平成○年○月○日

「過重労働による健康障害防止について」への対応

この書面が交付された場合、過重労働による健康障害を防止するための体制や仕組みを構築し、図表6－33のように改善報告書という形でその内容を報告する必要があります。

当然、短期間で残業時間を減らす仕組みを構築し、削減実績を作ることは難しく、これを中長期的視点で働き方改革として取り組んでいくわ

けですので、具体的な削減対策を報告書に盛り込むことはできません、したがって、報告材料となる健康管理対策の検討にあたっては、図表6―32の通り、次の4つをポイントに、労働安全衛生法で求められている法的義務の履行をベースにして、日常の健康管理対策を構築し、健康を担保にしつつ、仕事をさせる体制が整っていることを報告します。

図表6―32　健康管理対策実施のポイント

① すぐに実行に移すことができること
② 社員の健康状態の把握が容易にできること
③ 把握した状態に応じてすぐに対策を講じることができること
④ 社員の日々の健康維持・増進に繋がるものであること

図表6―33　健康障害防止に関する報告例

平成○○年○○月○○日

○○労働基準監督署
労働基準監督官　○○様

株式会社○○
代表取締役　○○

過重労働による健康障害防止に関する報告書

　平成○○年○○月○○日に行われた臨検監督にて、ご指摘いただきました指導票事項○項について、当社の取組み事項をご報告いたします。

　当社といたしましては、過重労働による健康障害防止に向け、以下の4つの事項を中心に取り組んでまいります。

　1.　生産設備の自動化による生産性向上
　2.　適正な労働者の配置を目指した社員の積極的採用
　3.　衛生委員会における過重労働削減のための審議
　4.　無災害労働日数の継続による労働力の安定化の促進
　5.　日常的健康管理対策の実施

　1.　生産設備の自動化による生産性向上

第6章　労働基準監督署の調査対策を講じる

略

２．　適正な労働者の配置を目指した積極採用
略

３．　安全衛生委員会における過重労働削減のための審議
　毎月１回実施している安全衛生委員会において、時間外労働の削減への取り組みを協議しております。安全衛生委員会の構成メンバーの見直し、拡充を図り、産業衛生に関する知見の豊富な者について、当社の全部門から最低１名以上を擁立するようにし、多角的視点から議論を行い、施策に関する情報発信を行うことで、時間外労働削減に向けた意識を全社的に高め、各施策の実行力を強めていきます。
　こうした議論から、製造部門の時間外労働が増えている要因として、生産能力を上回る商品受注を受けていることが判明し、これを受け、営業部門でも受注体制の見直しを図り、製造部門と連携し、生産能力に見合った受注数にコントロールする仕組みを構築いたしました。
　このような全社的観点に関する議論や、各部門間の協力体制に関する議論を増やし、一つの部門だけでは解決しえない全社構造的問題に起因する時間外労働の削減策を立案、実行し、時間外労働削減効果の強い施策を継続的に検討、実施していきます。

４．　無災害労働日数の継続による労働力の安定化の促進
　継続無災害労働日数目標を1,460日と設定し、この目標達成に向け、週１回の現場パトロールの実施とパトロールを通じた業務災害危険箇所の発見、これに基づく安全衛生委員会での業務災害予防策の立案と推進を行い、業務災害の予防を図っていきます。
　業務災害の予防を通じて、他労働者への業務負担増を回避し、業務災害の発生に伴う過重労働の防止に努めます。

５．　日常的健康管理対策の実施
　週に１回の問診票の提出と、毎日の工場入構時の血圧測定と簡易問診票の提出により、労働者の健康管理対策を日常的に実施し、労働者の健康状態を把握の上、業務に従事させることで、不調者の生産性低下による業務災害や過重労働の防止を図ります。
　当社は残業時間を削減し、労働時間の短縮、過重労働の防止を図り、ワークライフバランスの実現に取り組むことは、労働者の活力、モチベーションの向上、定着化につながると捉えております。今後さらに、安全衛生委員会を中心に積極的な議論を行い、今回の報告事項以外の施策についても即断即決で実行に移し、時間外労働の削減に努めてまいります。

図表6－34　健康管理対策の一例

労働安全衛生法に基づくもの	①安全衛生管理体制の構築 　（安全衛生委員会の開催・産業医の選任・衛生管理者の選任） ②定期健康診断の実施・事後措置 ③面接指導の実施 ④ストレスチェックの実施
任意で実施するもの	①血圧測定、体重測定 ②問診票による健康チェック ③特別健康診断の実施 ④休憩の活用 ⑤勤務間インターバル制度の導入 ⑥リフレッシュ休暇制度の導入 ⑦食生活管理・指導 ⑧運動の推進 ⑨禁煙活動の実施

5　労基署対応の注意点"絶対やってはいけないこと"

　労働基準法の第120条4項では、「労働基準監督官の臨検を拒み、妨げ、若しくは忌避し、その尋問に対して陳述をせず、若しくは帳簿書類の提出をせず、又は、虚偽の記載をした帳簿書類の提出をした者」は「30万円以下の罰金に処する」と規定されています。

　そこで、調査の際に絶対に行ってはいけない4つのポイントは以下のとおりです。

図表6－35　調査に際しての絶対禁止事項

①　勤怠データの改ざん
②　賃金台帳の改ざん
③　調査前に、従業員に対して「残業はないと言いなさい」などと強要すること
④　指定された契約書（労働契約書や雇用契約書など）を隠すこと

第6章　労働基準監督署の調査対策を講じる

　企業として、厳しい指摘を受けることを恐れるあまり、つい勤怠の記録や、残業代支払いの記録を偽って報告してしまいがちですが、こうしたことは厳に慎まなければなりません。

　臨検監督で、違反が見つかっても、重大かつ悪質でない限り直ちに「書類送検」されることとにはなりません。しかし、書類を改ざんしたり虚偽の報告や、隠蔽をしたことが発覚した場合には、書類送検される可能性が高くなることは間違いありません。

第7章

改革実現までの健康管理対策

健康管理面から見た労働時間管理とは

 健康管理対策の重要性

　長時間労働から脱却するまでの間、企業にとって最大のリスクになるのが、社員の健康管理の問題です。第１章でもご説明したとおり、厚生労働省は、平成13年12月に、「脳血管疾患及び虚血性心疾患（負傷に起因するものを除く。）の認定基準」を、平成23年12月に「心理的負荷による精神障害の認定基準」を定めました。

　もし労働時間の長かった社員が、「心臓疾患で急死した」とか、「うつ病になって自殺した」といったことがあった場合、遺族から「会社が長時間労働をさせた」ことが原因であると労災認定が申請されることになりますが、労働基準監督署はこれらの認定基準に基づき認定判断を行ないます。実際、労働時間がこれらの基準時間を超過していればいる程労災認定のリスクが高いわけですから、改革を進めている中でも、社員の健康管理対策をおろそかにするわけにはいきません。言い換えれば、原状である程度の残業が避けられない状況であっても、社員の健康管理対策を講じ、社員の健康をしっかり管理、担保したうえで、残業させる必要があるということです。

　先の「過重労働による脳、心臓疾患の認定基準や精神障害に関する認定基準」によると、時間外・休日労働時間が月間45時間を超えてくると徐々に健康障害のリスクが高まり、80時間から100時間を超えてくるとリスクがかなり高まることになります。

実際、健康障害を防止する上では、月1回、賃金計算期間の締め日で社員各自の労働時間の記録を集計し、総量だけで過重労働の有無を確認するのは不十分です。つまり、各月の総残業時間や総労働時間だけを把握するのではなく、日々の労働時間の記録から、連続性や労働時間の質についても分析し、多角的に労働時間を把握する必要があります。具体的には、次の視点での労務管理を行い、管理者と社員が共有することで、一人ひとりの健康状況に配慮できる状態にしていただくことが必要です。

図表7—1　健康管理面から見た労働時間管理項目

①　総労働時間数・残業時間数の把握（実数の把握）
②　休日出勤時間・回数・休日日数の確認
③　連続出勤日数
④　過去6ヶ月程度の残業時間数の把握
⑤　深夜労働などの不規則な勤務時間数・回数の把握
⑥　休息時間の把握
⑦　出張等の事業場外労働の回数の把握（移動の負担）
⑧　社員の属性（年齢・性格・能力）の把握

それでは、各管理項目についてご説明いたします。

 ## 総労働時間数・残業時間数の把握（実数の把握）

まずは、日々の労働時間を集計し、1ヶ月の総労働時間、総残業時間を把握します。この総労働時間、総残業時間には休日出勤時間も含めて集計します。これにより、過重労働による脳・心臓疾患や精神障害の認定基準超過者を把握します。

過重労働による脳・心臓疾患の認定基準と、精神障害の認定基準はそれぞれ若干異なっていますが、これをそれぞれ把握することは煩雑です

ので、実務上は総労働時間や残業時間を3段階から4段階程度に区分して把握するといいでしょう。リスクを色で表示すると、現場の管理職にもわかりやすく伝わり、効果的に危機感を持ってもらえるようになります。

図表7－2　総労働時間・残業時間の区分

区分 （色区分）	主な対応	総労働時間	残業時間
超高リスク （黒）	特別健康診断の実施だけでなく、強制的に休ませるなど、直ちに労働時間削減へ対応をとる	320時間以上	160時間以上
高リスク （赤）	特別健康診断などを実施し、健康障害の有無を把握し、健康が確認できた場合は業務の見通しを勘案のうえ業務を継続し、健康障害が把握された場合、強制的に休ませるなど労働時間削減の対応をとる	260時間以上	100時間以上
中リスク （黄）	本人の希望に応じて特別健康診断などを実施し、健康障害の有無の把握に努め、業務の見通しを勘案し、必要に応じて配置転換や応援要請等労働時間削減の対応をとる	240時間以上	80時間以上
低リスク （緑）	休日数や連続出勤日数など、その他の要素も把握し、残業の質を判断するとともに、今後の残業見込みについても把握の上、残業時間の今後の動向を注視する	205時間以上	45時間以上

※総労働時間の区分は1ヶ月の所定労働時間を160時間と仮定した場合のもの

休日出勤時間・回数・休日日数の確認

次に、休日出勤や休日の質について確認していきます。休日出勤については、時間数だけを把握するのではなく、併せて回数についても把握

第1節　健康管理面から見た労働時間管理とは

します。休日出勤時間が少ない場合でも、休日出勤回数が多い場合は、休日が取得できていない可能性があります。

休日出勤時間が少なくても休日出勤回数が多ければ、それだけ企業に出勤をしているわけなので、心身に負担が生じます。休日が取得できていない場合、心身を休め、リフレッシュをすることができません。

休日出勤回数を確認した後は、その休日出勤に対応した振替休日がきちんと取得できているかどうかも確認します。休日出勤自体が多くても、事前か事後にきちんと振替休日が取得できていれば、休日日数は担保され、心身を休める機会が確保されていたと言うことができます。逆に振替休日が取得できていない場合、当然、休日日数は担保されず、心身を休める機会が奪われ、その振替休日は次月以降に繰り越され、取得できない振替休日の保有日数が増えてしまいます。休日出勤をさせる場合は確実に振替休日がとれるよう対策を講じる必要があります。事後の振替休日は取得できないことが多く、次月以降に繰り越され、いつまでたっても取得できず、不良債権化することが多いので、休日出勤が予め見込まれる場合は事前に振替休日を取得することで、休日日数を担保できるようにすることが望まれます。

休日出勤回数と休日日数の確認は、心身を休める機会が確保されていたかどうか確認できるだけでなく、前述の残業時間の総数が休日出勤に起因しているものなのか、平日の残業に起因しているものなのかということについての把握にも繋がります。当然、同じ残業時間であれば、休日出勤時間が少ないほうが、心身をリフレッシュできる機会が確保されていたことになるわけですので、望ましいことになります。

第3章でのパーキンソンの法則にも繋がることですが、休日出勤を前提として仕事を進めるのではなく、休日出勤をすることなく、平日の残業だけで1週間の仕事を完了できるようにすることが大切です。

203

第7章 改革実現までの健康管理対策

 連続出勤日数

　休日の状況が確認できた後は、連続出勤日数について確認します。残業時間数や休日出勤日数が多く、かつ、連続出勤日数が長期間に及ぶ場合、過重労働であることは明らかで、休日が取得できていないということだけでなく、出勤の連続性が心身の負担にさらなる追い討ちをかけます。逆に、残業時間数や休日出勤日数がさほど多くなくても、連続出勤日数が長期に及ぶ場合についても注意が必要です。

　出勤の連続性が心身に及ぼす負担が大きいことは、法律からも読み取ることができます。労働基準法において、企業が社員に対して残業や休日出勤をさせた場合に支払わなければならない割増賃金というのは、割増賃金さえ支払えば残業や休日出勤をさせることができるという趣旨ではなく、ペナルティーという趣旨を持っています。したがって、割増賃金というペナルティーを行うことを企業が避け、1日8時間、1週40時間の労働時間制が遵守されることを期待したものです。

　さらに労働基準法では、1週間に1日以上の休日を与えることが義務付けられているにも関わらず、この1週間に1日の休日すらも取得することができず、7日間連続して出勤してしまった場合、その休日出勤に対する割増賃金率は35％と、通常の残業時間に対する割増賃金率よりもさらに高く設定されています。7日間も連続して出勤させるような休日出勤の心身への負担は通常の残業よりも重いものであるために、割増賃金率を通常の割増賃金率よりも高く設定しているのです。

　これに加えてもう一つ、労働基準法では変形労働時間制というものが認められており、一定期間を平均して、1週間の平均労働時間が40時間以下であれば、特定の1日、または特定の週において1日8時間を超えて、1週40時間を超えて労働させても割増賃金の支払い義務は生じない

とされています。しかし、この制度は社員にとって不安定な制度であるため、様々な制約が設けられていますが、1年単位の変形労働時間制を運用する場合における制約の一つに、連続労働日数は原則6日、特定期間のみ12日という制約があります。

厚生労働省が発表した、精神障害の労災認定の判断基準である「心理的負荷による精神障害の認定基準」においても、12日以上の連続出勤は心理的負荷が中または強（※さらに連続深夜に及ぶ場合）とされています。

このことからもわかるように、連続出勤日数は6日が基本であり、どんなに多忙を極めても12日が限度であることが読み取れます。これを超えた場合の心身への負担は高くなるため、連続労働日数の把握はとても大切なものとなります。労働時間数の多寡に関わらず、1週間に1日の休日が取得できているかどうか、休日出勤が行われた場合の連続出勤日数は6日から12日以内に抑えられているかどうか、このような観点で労働時間の記録を確認してみましょう。

したがって、残業時間や休日出勤が多くても、最低限1週間に1日は休めるように過重労働対策に取り組む必要があります。

5 過去6ヶ月程度の残業時間数の把握

こうした毎月の社員の総労働時間数や残業時間数、休日の取得状況などは単月だけ把握、分析するだけでなく、過去数ヶ月間における継続性についても把握する必要があります。

繰り返し述べているように、過重労働による脳・心臓疾患の認定基準や精神障害の認定基準においても、これらの判断基準は単月の残業時間だけでなく、2ヶ月から6ヶ月の平均や、2ヶ月から3ヶ月の連続性、過去6ヶ月以内に生じているかどうかなども基準として設けられている

第 7 章　改革実現までの健康管理対策

ことからもわかるとおり、80時間以上の過重労働は1ヶ月でも行ってしまうと、向こう6ヶ月程度は心身へ影響を及ぼすと考えられているため、過重労働対策を講じて過重労働を発生させないようにするのはもちろんのこと、仮に80時間以上の過重労働をさせてしまった場合、翌月以降の残業時間を抑制しても、これに安心することなく、向こう6ヶ月程度は心身へ影響を及ぼすため、社員の心身の調子を注視する必要があります。

6 深夜労働などの不規則な勤務時間数・回数の把握

　徐々に細かい視点になってきますが、残業時間が深夜（22時以降）に及んでいるかどうかについても確認しておく必要があります。一般的に残業が深夜に及べば、当然、残業時間が長くなる傾向になります。またそうではなく、時差出勤などで始業時刻が午後からの場合など遅い場合でも労働時間が深夜に差し掛かると生活リズムが崩れ、身体的負担は増してきます。

　労働安全衛生法で定められている健康診断のうちの一つに深夜業に関する健康診断があります。深夜業を含む業務を行っている場合は、6ヶ月以内ごとに1回、定期的に健康診断を行わなければなりません。通常、法定の健康診断は年1回定期に実施すればよいことになっています。これに対して深夜業を含む業務は6ヶ月に1回、年2回行わなければなりません。このことからも分かるように、法律においても深夜業における身体的負担は高いと捉えられています。

　この深夜業に関する健康診断における深夜業を含む業務とは具体的にどのように考えればよいのでしょうか。この深夜業とは、22時以降に勤務する場合を指し、所定労働時間内であるかどうか、残業であるかどうかは関係ありません。22時以降の勤務はすべて深夜業を含む業務になります。すなわち、残業が長引き、22時に及んでしまった場合は該当して

しまいます。しかし、1回でも深夜残業を行ったからといって、深夜業の健康診断を行わなければならないかというとそうではありません。深夜業に関する健康診断は、1週に1回以上又は、1ヶ月に1回以上、深夜に及ぶ業務を行った場合に受診義務があります。したがって、1ヶ月の所定労働日数20日程度に対して4日以上深夜業を行った場合ですので、割合にして約20％程度、1週間に1日程度深夜業が継続されてくると健康診断の実施回数を増やさなければならない、身体的負担が増してくるので健康管理に留意しなければならないということになります。

このように残業時間数を確認する場合は、深夜業の回数や連続性、徹夜の有無についても確認し、深夜業の翌日の始業時刻にも注意するようにしましょう。深夜業の翌日も朝早くから勤務していると、睡眠時間が確保できていないということが言えますので、脳や心臓への負担は増していきます。時差出勤や午前半休、有給休暇など、前日の深夜業へ配慮が必要となっていきます。

7 休息時間の把握

残業時間などを含む1日の最終的な終業時刻から翌日の始業時刻までの間を休息時間といいますが、この休息時間が適切に取られているかどうか、労働時間記録の前日の退社時刻と翌日の出社時刻について確認することも大切です。特に残業時間が深夜や徹夜となった場合における、退社時刻と次の日の始業時刻についてはチェックする必要があります。深夜残業や徹夜の次の日に、午前半休や特別休暇、未消化の振替休日などが与えられ、きちんと休息時間が確保できているかどうかチェックします。

過重労働を防止するうえで、気をつけなければいけないのは睡眠時間の確保です。過重労働下においては繁忙により残業時間が長くなり、寝

第 7 章　改革実現までの健康管理対策

る時間がないということがよく見られますが、睡眠時間が 4 時間以下になってしまうと、抵抗力が弱り、ストレス耐性が落ち、病気になりやすくなり、突然死を引き起こしやすくなりますので、どんなに忙しい場合でも、最低 4 時間から 5 時間程度の睡眠時間が確保できるよう休息時間に配慮する必要があります。詳しくは後述しますが、通勤時間や食事、身支度の時間を含めると、どんなに短くても 7 時間程度の休息時間を確保する必要があり、休息時間がこれを下回ってくると、過重労働に伴う健康障害リスクが一気に高まってしまいます。

このため、2017年 3 月に政府は、働き方改革実現会議において、長時間労働の是正や同一労働同一賃金の導入を盛り込んだ実行計画をまとめ、その中で、一定の休息時間を保障する制度として、勤務間インターバル制度に関する取り組みを盛り込み、法制化や助成金による普及促進を図るようです。

出張等の事業場外労働の回数の把握（移動の負担）

深夜業に加えてもう一つ、残業による身体的負担が増す要素として、出張に伴う負担が挙げられます。深夜業と同様に、出張が多い上に残業時間数が多い場合の身体的負担は当然ですが、残業時間数がさほど多くない場合でも出張が多い場合は、生活環境が変わり、生活リズムが崩れ、これに伴う身体的負担は大きくなります。

過去の判例では、労災認定が争われた松本労基署長（セイコーエプソン）くも膜下出血死控訴事件（東京高裁―平成19年（行コ）第149号2008年）において、残業時間数と出張回数、これに伴う負担について、次のように示されています。

「認定事実によれば、被災者の長期的業務について、労働時間、業務内容、勤務体制、国内・海外出張先の労働環境、生活環境などの点を見

れば、被災者の心身に大きな負荷があったとは窺われない。すなわち、被災者の発症前1ヶ月ないし6ヶ月間にわたっての1ヶ月当たりの時間外労働時間数はいずれも30時間未満であり、土日の休日も確保され、勤務途中に待機時間や仮眠時間があるわけでもなく、拘束時間が長時間に及ぶということもなかった。しかしながら、被災者は、平成12年11月以降、頻繁な海外出張を繰り返すようになり、平成13年9月28日までに10回にわたり合計183日の海外出張をして、技能検定業務、リワーク業務に従事している。

　上記の海外出張は、航空機等による長時間の移動や待ち時間を余儀なくされ、宿泊先のホテル等での生活は、日本食が食べられるとはいっても、環境、食事、睡眠などの面で不規則となり、夜間や休日における過ごし方も単調で、自宅で過ごすのとは質的に違い、精神的・肉体的に疲労を蓄積させるものであることは明らかである。」

　この判例では、1ヶ月あたりの残業時間数が30時間未満と、過重労働による脳・心臓疾患の認定基準や精神障害の認定基準を遥かに下回っているにも関わらず、およそ1年間のうちに海外出張が10回以上、期間にして半年近く出張していた場合において、身体的負担が認められ、労災認定されたものです。

　出張の場合、出張先での業務開始と業務終了を把握することが難しく、正確な労働時間を算定することが困難であることから、多くの企業では事業場外労働のみなし労働時間制が適用され、所定労働時間労働したものとみなされることが多いので、出張が多い月の残業時間数は、当然に少なくなる傾向にあります。しかしながら、こうした場合においても、出張回数や延べ日数、出張先等を把握し、出張に伴う身体的負担はなかったかどうか確認する必要があります。

　上述のとおり、出張は生活環境が変わり、生活リズムが崩れがちです。また、最近では飛行機や新幹線など高速で移動できる手段が増え、一見

第 7 章　改革実現までの健康管理対策

すると便利なように思えますが、高速移動に伴う気圧の変化は心臓に負担を及ぼしますので、日頃から出張が特定の社員に集中しないように配慮し、また、やむを得ず特定の社員に出張が集中するようなことがあれば、これを当然のこととせず、この事実をきちんと認識し、上述の出張の内容と残業時間数についてきちんと把握する必要があります。

 社員の属性（年齢・性格・能力）の把握

　総労働時間数や残業時間数を多角的に分析する際の補完要素をもう一つご説明します。これは社員の属性です。年齢や性格、能力といった部分も過重労働に追い打ちを掛ける場合があります。

　まず、わかりやすいのが年齢です。若い社員と年齢を重ねたベテラン社員では体力や健康面で違います。次に性格です。完璧主義の社員と大らかな性格の社員ではストレス耐性が異なり、身体的負担に影響が出てきます。能力面においてもコミュニケーション能力のある社員とそうでない社員とでは、これもまたストレス耐性が異なり、身体的負担に影響が出てきます。

　ここで重要なのは、年齢や性格、能力が身体的負担に及ぼす影響の種類や特徴についての体系的学習の必要性ではなく、企業として、または上司として、社員や部下の年齢や性格、能力の特徴を把握しておくことの必要性です。

　上司として部下の年齢や性格、能力の特徴を把握しておくことで、残業が及ぼす身体的負担を判断する際、補完要素となってきます。また、必要に応じて部下の定期健康診断の内容などについても、把握しておくことを推奨します。部下の持病や慢性疾患、血圧などの健康診断項目値などの特徴についても把握しておくと補完要素として役立ちます。こうした健康診断項目の内容はセンシティブな情報ですが、総務などの管理

210

第1節　健康管理面から見た労働時間管理とは

部門と連携し、話し合い、管理部門の了承を得て、必要に応じて把握しておくべきです。社員の健康管理は管理部門だけではできません。日頃から部下を持つ管理職が部下の健康状態や属性を把握したうえで、業務マネジメントを推進するように努めましょう。

　このように社員個人の総労働時間数や残業時間数を多角的に捉え、過重労働のサインを読み取った後は、第2章でご説明したように、これらの過重労働が、なぜ生じているのか、個人の問題なのか、組織の問題なのか真因を探求し、対策を講じていく必要があります。

　この真因を探求する際は、同じ部署や同じ職種においても同様のことが生じていないかどうかについても同様の手法で多角的に捉え、また、その社員や所属する部署の今後の業務の見通しについても把握をしたうえで対策を講じるとよいでしょう。

211

第2節 健康管理対策の進め方

1 安全衛生管理体制の整備

　社員の健康管理を行うためには、当然、組織的に行っていかなければなりませんので、企業としては総務、人事、労務、厚生といった管理部門が中心となり行うことになります。しかし、こうした部署だけが一人歩きして実施しても効果は上がりません。社内で健康管理体制を構築するにあたっては、法的側面も踏まえつつ、現場の社員も巻き込んだ体制作りが重要です。

　まず、法的側面として、労働安全衛生法を踏まえた体制作りが重要で、企業の各事業場の人数規模や業種に応じて構築する体制が異なります。

　企業は、総括安全衛生管理者、安全管理者、衛生管理者、産業医、安全衛生推進者を各事業所の人数規模や業種に応じて選任し、さらに、こうした者を中心に安全衛生委員会（安全委員会・衛生委員会）を開催していく必要があります。

　社員の健康管理の面で特に重要となるのが、衛生管理者と産業医の選任、そして衛生委員会の開催であり、これらをいかに形骸化させずに機能させるかが重要となります。

　図表7－4にあるとおり、事業場の人数規模が50名以上の場合、衛生管理者と産業医の選任と衛生委員会の開催が必須となりますが、これをただの法的義務として漫然と行うのではなく、社員の健康管理体制の基本組織として機能させることが重要です。

第2節　健康管理対策の進め方

　この3つをそれぞれ機能させるためには、衛生管理者を現場の社員から選任できるようにするか、管理部門の社員でも過去に現場経験のある社員から選任すると、現場目線で施策を検討できるため、施策が形骸化せず実効性のある議論が期待できます。また、産業医についても、昔は法定義務を満たすためだけの名ばかりの産業医が多かった時代もありますが、近年では過重労働やメンタルヘルスの問題を背景に、こうした分野に強い産業医に対するニーズが高まっています。最近では過重労働やメンタルヘルス問題に強い産業医も増えてきていますので、産業医を選任する際は、この分野に強い産業医であるかどうかも確認すると良いでしょう。このような衛生管理者と産業医が、衛生委員会や面接指導などをはじめとする健康管理対策を主導することで実効性を持たせていきます。

　衛生管理者と産業医は原則として1ヶ月に1回以上、事業場を定期巡視し、事業場の衛生状況と作業方法の有害性を確認し、発見次第直ちに防止措置を講じる責務を負っています。

　また、衛生委員会は1ヶ月に1回以上開催し、次のような延べ14項目（図表7－3）を議論する必要があり、この中に過重労働による健康障害防止に関する施策の検討が含まれています。

213

第7章　改革実現までの健康管理対策

図表7－3　衛生委員会での審議事項

① 労働者の健康障害を防止するための基本となるべき対策に関すること
② 労働者の健康の保持増進を図るための基本となるべき対策に関すること
③ 労働災害の原因及び再発防止対策で、衛生に関すること
④ 前三号に掲げるもののほか、労働者の健康障害の防止及び健康の保持増進に
関する重要事項
　・衛生に関する規定の作成に関すること。
　・厚生労働大臣が公表する技術上の指針（安衛法第28条第1項）の危険性又は
　　有害性等の調査及びその結果に基づき講ずる措置のうち、衛生に関すること。
　・安全衛生に関する計画（衛生）の作成、実施、評価及び改善に関すること。
　・衛生教育の実施計画の作成に関すること。
　・法定の化学物質の有害性調査（安衛法第57条の3第1項、第57条の4第1項）
　　並びにその結果に対する対策の樹立に関すること。
　・法定の作業環境測定（安衛法第65条第1項、第5項）の結果及びその結果の
　　評価に基づく対策の樹立に関すること。
　・定期的に行われる健康診断、臨時の健康診断、自ら受けた健康診断および法
　　に基づく他の省令に基づいて行われる医師の診断、診察又は処置の結果並び
　　にその結果に対する対策の樹立に関すること。
　・労働者の健康の保持増進を図るため必要な措置の実施計画の作成に関するこ
　　と。
　・長時間にわたる労働による労働者の健康障害の防止を図るための対策の樹立
　　に関すること。
　・労働者の精神的健康の保持増進を図るための対策の樹立に関すること。
　・厚生労働大臣、都道府県労働局長、労働基準監督署長、労働基準監督官又は
　　労働衛生専門官から文書により命令、指示、勧告又は指導を受けた事項のう
　　ち、労働者の健康障害の防止に関すること。

第2節　健康管理対策の進め方

図表7－4　労働安全衛生法に基づく安全衛生管理体制

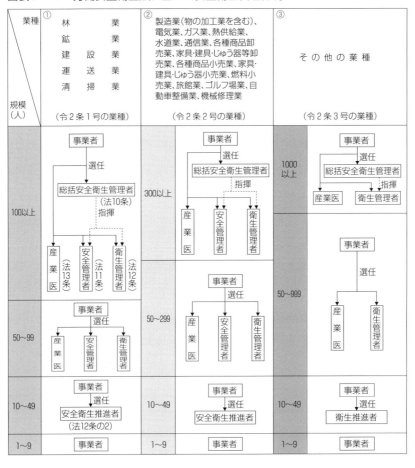

こうした安全衛生管理体制の構築に関して、法的義務を負わない従業員規模が10名未満の事業場では、自社で独自に体制を構築していくことになりますが、その場合においても労働安全衛生法に基づく安全衛生管理体制を参考に体制を構築していくとよいでしょう。

体制構築にあたっては前述したとおり、衛生管理者と産業医の選任、衛生委員会開催がポイントになります。衛生管理者の選任にあたっては

第7章　改革実現までの健康管理対策

衛生管理者免許を保有している者から選任しなければならず、また、産業医の選任にあたっては、産業医と業務委託契約を締結して、毎月産業医に対して報酬を支払う必要があります。このように体制構築には一定の負担が伴い、規模の小さい企業ではなかなか大変です。

そこで、労働安全衛生法では、安全衛生推進者、衛生推進者の選任制度と産業保健支援センターの活用という仕組みがあります。

事業場の従業員規模が10名以上50名未満の企業では安全管理者や衛生管理者の選任に代わり、業種に応じて安全衛生推進者か衛生推進者を選任しなければなりません。選任しなければならないといっても、安全管理者や衛生管理者ほどの資格要件のハードルは高くなく、所定の講習の受講者などで選任することができます。

また、産業保健支援センターとは、産業医を選任する義務のない50人未満の事業場について、当該事業場の労働者に対する産業保健サービスを充実させることを目的として設置されている機関です。したがって、50人未満の事業場の企業を優先してサービスを行っています。

図表7－5　産業保健支援センターのサービス

労働者の健康管理（メンタルヘルスを含む）に係る相談
健康診断の結果について医師からの意見聴取 （労働安全衛生法第66条の4に基づく）
長時間労働者及び高ストレス者の対する面接指導 （労働安全衛生法第66条の8、9、10に基づく）
個別訪問による産業保健指導

2　定期健康診断の実施

企業は、労働安全衛生法に基づき、社員に対して、1年以内ごとに1

第2節　健康管理対策の進め方

回、定期的に健康診断を行わなければなりません。この趣旨は、労働者の健康の確保は、事業の円滑な運営に必要不可欠だからです。したがって、定期健康診断の実施と全社員の受診（受診率100％）は社員の健康管理対策の基本中の基本と言えます。

図表7－6　健康診断の種類（一般健康診断）

	健康診断の種類	対象となる労働者	実施時期
一般健康診断	雇入時の健康診断（安衛則第43条）	常時使用する労働者	雇入れの際
	定期健康診断（安衛則第44条）	常時使用する労働者（次項の特定業務従事者を除く）	1年以内ごとに1回
	特定業務従事者の健康診断（安衛則第45条）	労働安全衛生規則第13条第1項第2号に掲げる業務に常時従事する労働者	左記業務への配置替えの際、6月以内ごとに1回
	海外派遣労働者の健康診断（安衛則第45条の2）	海外に6ヶ月以上派遣する労働者	海外に6月以上派遣する際、帰国後国内業務に就かせる際
	給食従業員の検便（安衛則第47条）	事業に附属する食堂または炊事場における給食の業務に従事する労働者	雇入れの際、配置替えの際

　定期健康診断の効果としては、厚生労働省が2012年に実施した労働者健康状況調査では、全体で「91.9％」の企業が実施しており、受診率は「81.5％」、有所見率は「41.7％」となっておおり、不健康のサインを見つける機能は十分にあると言えます。

図表7－7　定期健康診断の実施率および常用労働者の受診率と有所見率

単位％

規模	事業所実施率	常用労働者	
		受診率	有所見率
調査計	91.9	81.5	41.7

出所：厚生労働省　「労働者健康状況調査」（2012年）

217

第7章　改革実現までの健康管理対策

　ほかに、過重労働防止の観点で企業としてすべき点は、所見の有無に
関係なく、図表7―8の定期健康診断項目のうち、③の体重と、⑤の血
圧については健康診断結果から正常な社員の値も含め、把握しておくと
よいでしょう。仕事が忙しくなり、長時間労働になってくると、生活や
食事のリズムが崩れ、体重や血圧に変化が見られるようになります。こ
の変化を見出せるようにするために、健康診断結果は把握しておくこと
が望まれます。

図表7―8　定期健康診断検査項目

① 既往歴及び業務歴の調査、喫煙歴、服薬歴などの調査
② 自覚症状及び他覚症状の有無の検査
③ 身長、体重、視力及び聴力、腹囲の検査
④ 胸部エックス線検査及び喀痰検査
⑤ 血圧の測定
⑥ 貧血検査（赤血球数・血色素量）
⑦ 肝機能検査（GOT・GPT・γ-GTP）
⑧ 血中脂質検査（LDL コレステロール・HDL コレステロール・中性脂肪）
⑨ 血糖値
⑩ 心電図検査（安静時心電図検査）
⑪ 尿検査（尿中の糖及び蛋白の有無の検査）

　定期健康診断の実施率と受診率は事業規模が小さくなるほど、低下す
る傾向にあり、約2割程度の社員が定期健康診断を受診していないとう
統計があります。

　中小企業であったからといって、企業として未受診者を放置してはい
けません。社員が健康診断を受診しない、受診できない理由として主に
次のような理由が挙げられます。

　①　仕事が忙しくて受診できない

　②　会社に病気を知られたくない

　③　自分で健康診断（人間ドック）を受診しているので、企業で受診

する必要がない　など

　定期健康診断は労働安全衛生法で定められている健康診断であり、企業には実施義務があります。また、企業には安全配慮義務もあるため、社員の健康状態を把握し、社員の健康に配慮しつつ、業務に従事させ、業務を円滑に遂行させる必要があります。

　このように企業には定期健康診断の実施義務が法的に定められていますが、これだけをもって、企業は社員に対して健康診断の受診を命令することはできません。健康診断の受診を業務命令できるようにするためには、就業規則において定期健康診断について規定する必要があり、これに基づいて受診命令を行います。こうした就業規則に基づく業務命令にも従わず、健康診断を受診しなかった場合には、業務命令違反として懲戒処分を行うことも可能です。

　実務上は、普段から社員に対して健康診断の趣旨や意義について説明し、企業には、円滑な業務遂行のために、社員の生命身体が安全に保たれるよう配慮しなければならないという安全配慮義務があり、健康診断はその一環であることを伝え、理解を得ることが必要です。

医師による面接指導の実施

　労働安全衛生法では、脳・心臓疾患の発症を予防するため、残業が100時間を超えるなど、過重労働が認められる社員のうち希望者について、医師との面接指導を行わなければなりません。そして、面接指導後はその結果について医師から意見聴取を行い、就業環境について配慮を行う必要があります。この一連の面接指導の実施は図表7－9のような流れで行います。

第 7 章　改革実現までの健康管理対策

図表 7 − 9　面接指導の流れ

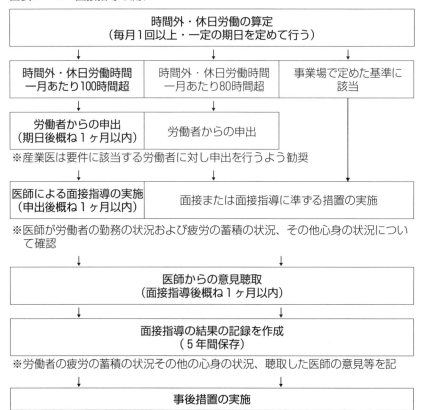

　この流れからわかるとおり、この面接指導は社員からの申出に基づいて行われます。したがって、過重労働が認められる社員を対象にしているにもかかわらず、会社は社員からの申出が無ければ面接指導に対して消極的に対応してしまいがちです。また、対象となる社員においても、過重労働をしていて自覚症状がない場合や、仕事が忙しい場合などは、積極的に面接指導を申し出ることが少ないのが現状です。

第2節　健康管理対策の進め方

　しかし、心臓疾患や脳疾患をはじめとする、過重労働による健康障害は突然訪れます。日頃から面接指導を積極的に行い、過重労働対策に先手を打ち、健康障害を未然に防ぐうえで、この面接指導は過重労働対策の入口として非常に重要な意味を持ちます。

　実際、多くの企業で残業時間数100時間を超える過重労働者が存在し、医師との面接指導が必要とされているにも関わらず、実際にその面接指導が行われた割合は半分程度です。企業側、社員側の双方において面接指導の重要性が十分に浸透していない状況が窺われます。

　企業は面接指導制度を機能させるために、制度内容や趣旨についてアナウンスを行い、社員への周知浸透を図り、社員からの積極的な申出を促します。併せて、企業は社員の残業時間を毎月把握し、残業時間が100時間を超えている対象社員に対しては、健康状態や面談希望の有無を聞くだけでなく、面談の実施を強く促す働きかけも必要です。こうした健康状態や面談希望の有無を確認する際は、口頭での確認だけでなく、問診票などの書面を用いて部下の健康状態を事前に確認したうえで、面接指導の勧奨を行うのがよいでしょう。

221

ストレスチェック制度の有効活用

　平成27年12月に労働安全衛生法が改正され、ストレスチェックと面接指導の実施等を企業に義務付ける制度が新たに創設されました。

　社員数50人以上の事業場（産業医の選任義務のある事業場）は年に1回ストレスチェックの実施義務がありますが、社員はストレスチェックを受ける直接的な義務はなく、ストレスチェックを受検するかどうかは社員の判断に委ねられています。

　企業はストレスチェックの実施を、社員に自分自身のストレスの状況とその原因などを認識してもらい、労働環境の改善や過重労働防止対策への取り組みに関心を持ってもらうきっかけとしてとらえ、より多くの社員に受検してもらえるよう、健康診断と同様に制度の周知、浸透を講じていく必要があります。

　また、実施にあたっては、様々な外部機関がストレスチェックのサービスを提供していますが、外部機関の選定にあたっては、医師や産業医などの実施者との連携がとれ、合法的な体制のもと実施ができるかどうか、法定の領域が含まれているか、企業として知りたい情報が抽出できるかどうか、実施後の面接指導のサポート体制がわかりやすく充実したものになっているかどうかなどの観点で検討します。せっかく検討、実施しても、法定のストレスチェックと認められなければ意味がありません。

図表7−10 ストレスチェックの実施手順

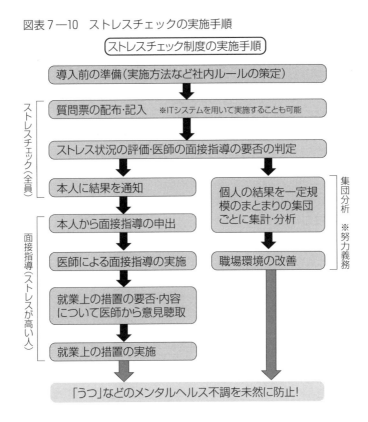

　ストレスチェックは社員に受検義務はなく、また、受検結果を企業は社員の同意なしに知ることができないため、ストレスチェックの結果を、社員の健康管理や就業環境の改善に役立てるためには、労働安全衛生法に則り、ストレスチェックの結果を適正な手続きに基づいて、より多く知ることができるような工夫が必要です。

第7章　改革実現までの健康管理対策

図表7−11　ストレスチェック受検のための工夫

> ①　健康診断同様、ストレスチェック制度内容について就業規則に規定する
> ②　企業はストレスチェックの受検について、社員に対して強く勧奨する
> 　（ただし、強要は法違反）
> ③　ストレスチェックの結果通知後、社員からストレスチェック結果提供に関する同意書の提出を働きかける
> ④　高ストレス者との結果が出た者に対して、産業医から面接指導の受検を勧奨させる

　要するに、より多くの社員にストレスチェックを受検してもらえるように、制度周知に関するアナウンスと、受検に関する勧奨、そして、実施後の結果提出および面接指導の受検についての勧奨を行っていくということです。これらの勧奨は労働安全衛生法でも認められています。

　企業はこうした高ストレスの原因が仕事によるものなのか、また、就業環境への配慮が必要なものなのかを判断するために、高ストレス者に対して、医師による面接指導の受検を勧奨します。勧奨の方法としては、上述のとおり、産業医から直接高ストレス者に勧奨してもらうか、企業から社員全員に対して、面接指導制度の趣旨説明と受検の勧奨を行う方法が考えられます。社員が面接指導を希望した場合、これをもって、社員が企業に対してストレスチェックの結果を提供することに同意したものとみなされるため、企業はストレスチェックの結果を知ることができます。

　そして面接指導の実施後、企業に対して面接指導の結果報告書が面接指導を行った医師より提供されますので、企業はこの報告書に基づいて、面接指導を受けた者のストレスの状況、治療の必要性、就業配慮の必要性を把握し、必要に応じた対応を行っていきます。

第2節　健康管理対策の進め方

 休憩・休息の確保

 休憩時間の確保

　健康管理という観点で、忘れてはならないのが、「休憩時間」です。
　休憩時間を、社員の健康管理において、より効果的なものとするためには、まず、法定どおりの休憩時間を確実に取得できるようにならなければなりません。休憩時間をきちんと取得する風土がないと、どのような休憩制度を導入しても定着せず、効果は上がりません。
　2014年に実施された、ヤフー意識調査「会社での休憩時間を自由に利用できている？」では、およそ半数にあたる47.9％（13,187人）が「自由に利用できている」と答えていますが、「自由に利用できていない」人も34.6％（9,511人）、また「手待ち時間になることがある」と答えた人も17.5％（4,804人）いるなど、約半数の社員が何かしらの制約により満足に休憩時間を取得できていないことがわかります。
　企業は、心身の疲労を回復、リフレッシュさせるという休憩時間の本来の趣旨を忘れず、午後の業務の生産性を向上させるためにも、適切に45分から1時間の休憩時間が取得できるようにしなければなりません。企業は、人事部門が指導し、管理職は日頃から部下の休憩には関心をもち、部下が適切に休憩を取得できているか把握するようにしなければなりません。

 昼寝休憩の創設

　健康や生産性に配慮した休憩時間として、最近では「昼寝休憩」を導入する企業が増えています。
　厚生労働省が2014年に発表した「健康づくりのための睡眠指針」にお

225

第 7 章　改革実現までの健康管理対策

いても、「睡眠不足は、注意力や作業能率を低下させ、生産性を下げ、事故やヒューマンエラーの危険性を高めます。自分では眠気による作業能率の低下に気が付かないこともあります。忙しい職場では、睡眠時間を削って働くこともあるかもしれませんが、それが続くと知らず知らずのうちに作業能率が低下して、さらに、産業事故などの危険性が増すことがあります。」と睡眠不足が仕事に与える危険性を警鐘しています。

　併せて、「毎日十分な睡眠をとることが基本ですが、仕事や生活上の都合で、夜間に必要な睡眠時間を確保できなかった場合、午後の眠気による仕事の問題を改善するのに昼寝が役に立ちます。午後の早い時刻に30分以内の短い昼寝をすることが、眠気による作業能率の改善に効果的です。」と午後の短い時間での昼寝が作業効率改善に効果的であるとしています。

　実際に、昼寝休憩を導入する方法ですが、まず、次の事項を検討し、就業規則に規定する必要があります。

図表 7 — 12　昼寝休憩で必要な検討事項

①　通常の休憩を分割して設けるか、通常の休憩とは別に設けるか
②　休憩時間と休憩時間帯
③　違反者に関する規定（服務規律・懲戒）

　昼寝休憩を設ける場合、現在の休憩時間の中で設けるか、それとは別に設けるかという点ですが、昼寝休憩に好ましいといわれる20分から30分程度を別枠で利用できるようにする企業が多いようです。

　次に、時間帯ですが、眠気に襲われる時間帯である、昼食後の午後 1 時から午後 2 時の 1 時間の間で各自取得することができるとするのが好ましいということです。

　さらに、取得違反を牽制し、節度を持って昼寝させるため、就業規則に、ルールに反した場合は懲戒等もあることを規定しておくことも必要

です。

　最後に、古いタイプの社員からは、「昼寝はけしからん」、「昼寝はさぼっている」といったネガティブな意見があると想定されますので、企業としての考え方や、「昼寝の効果」についての啓蒙活動も必要でしょう。

 残業休憩（夕食時間）の確保

　過重労働が肉体的、精神的に健康に悪影響を及ぼすのは、睡眠時間が短くなり、食生活が不規則になるなど生活バランスが乱れることによります。したがって、企業の過重労働対策、残業時間の削減対策は、社員の睡眠時間と適切な食事時間の確保とも言えます。先述した昼寝休憩や後述するインターバル勤務制度は、その最たるものです。そのため、社員に残業をさせる場合においては、自宅や帰宅途中できちんと食事がとれるように配慮することも必要です。また、残業時間が長くなり、深夜に及ぶことが予定されている場合などは、残業時間中に休憩時間を設け、残業時間中でも食生活が不規則にならないよう食事時間を確保することも必要です。

図表7－13　残業休憩で必要な検討事項

① 何時間以上の残業に対して残業休憩を設けるか
② 休憩時間と休憩時間帯

　残業休憩を制度化するにあたっては、上記2点を検討することがポイントとなります。
　残業休憩を制度化すると発生する問題として、残業を早く終わらせて早く帰宅したいために、残業休憩を取得しないということが挙げられます。確かに残業ですので、終了時刻を予想するのが難しく、また、もう

第7章　改革実現までの健康管理対策

少しで残業が終わりそうなときに残業休憩を取得し、取得後少しだけ仕事をして帰宅するのも非効率です。こうしたことを踏まえると、残業休憩は法定の休憩と異なり、休憩時間帯を固定的に定めるのではなく、昼寝休憩と同様に、社員各自の残業終了予定時刻や予定残業時間に応じて、取得時間帯を定めて社員各自の判断で取得できるようにすることが良いでしょう。もちろん、残業休憩の取得は強制しないようにします。

また、昼寝休憩と同様に取得ルールを就業規則に規定することや、食事休憩を取得する際には、休憩開始と休憩終了を勤怠システムへ打刻させ、労働時間を正しく把握することも必要です。

 勤務間インターバル制度

2017年3月に政府がまとめた働き方改革実行計画に盛り込まれた「勤務間インターバル制度」とは、残業時間などを含む1日の最終的な終業時刻から翌日の始業時刻までの間を休息時間といいますが、この休息時間について一定時間以上を保障し、社員の休息時間を確保しようとする制度を言います。一定の休息時間を確保することで、食事時間や睡眠時間を確保し、生活サイクルが乱れないように、社員の心身の負担を軽減させることを狙いとしています。

図表7-14　働き方改革実行計画

（勤務間インターバル制度）
　労働時間等の設定の改善に関する特別措置法を改正し、事業者は、前日の終業時刻と翌日の始業時刻の間に一定時間の休息の確保に努めなければならない旨の努力義務を課し、制度の普及促進に向けて、政府は労使関係者を含む有識者検討会を立ち上げる。また、政府は、同制度を導入する中小企業への助成金の活用や好事例の周知を通じて、取り組みを推進する。

この勤務間インターバル制度は、絶対的な労働時間の削減がすぐにできない企業にとって、社員の健康対策として比較的導入しやすい有効な

第2節　健康管理対策の進め方

施策ではないでしょうか。

　制度導入にあたっては、始業時間、終業時間、休憩時間に影響を与えますので、次の項目について検討が必要です。

図表7－15　勤務間インターバル制度で必要な検討事項

| ① | 休息時間 |
| ② | 始業時間・終業時間・休憩時間がずれた場合の対応 |

　まず休息時間ですが、現在、厚生労働省は「勤務間インターバル制度」を普及させるべく「職場意識改善助成金（勤務間インターバル導入コース）」を設けており、この助成金制度の対象となる「休息時間」は、「9～11時間以上」「11時間以上」の2段階としており、これらの時間数が一つの目安になります。

　保障する休息時間を決めたら、次は残業時間が深夜や徹夜となり、翌日の始業時刻をずらさなければいけない場合の取扱いを検討します。計算をしやすくするため、次のような条件で取扱いを検討します。

図表7－16　勤務間インターバル制度での前提条件

①	休息時間	10時間
②	所定始業時刻	午前9時
③	所定終業時刻	午後6時
④	休憩時間	正午から午後1時

　ここでは計算をしやすくするため、10時間の休息時間を保障するとします。この例では午後11時までに残業を終え、退社すれば始業時刻がずれることはありませんが、午後11時を超えて午前0時に退社した場合は休息時間を10時間確保するため、10時からの始業となります。これは徹夜の場合も考え方は同じで、朝6時まで徹夜した場合、翌日の始業時刻

第7章　改革実現までの健康管理対策

は当日の午後4時となります。

　ここまではその通りですが、この始業時刻がずれた場合のその日の終業時刻の取扱いはどのように考えるべきでしょうか。前述の通り、前日の残業が深夜残業となり午前0時に退社した場合は、翌日の始業時刻が1時間ずれるだけなので、翌日も所定労働時間勤務しても終業時刻は午後7時となり、翌日の勤務に大きな影響はありませんが、徹夜をして、翌日の始業時刻が午後4時になってしまう場合、そのまま所定労働時間勤務してしまうと、深夜の午前1時が終業時刻となり、生活サイクルの修正が難しくなってしまいます。

　そこで、実務上は休息時間の確保に伴う終業時間帯を決め、この終業時間帯までに終業できる時間帯で始業できる場合、その日は所定労働時間勤務してもらいますが、徹夜などで始業時間が遅くなり、この終業時間帯までに終業できない場合は、終業時間帯の最も遅い時刻で終業とし、所定労働時間に満たない時間は就労免除とし、勤務したものとみなす制度とする必要があります。

図表7—17　勤務間インターバル制度における始業終業時刻の取扱い

※終業時間帯は18時から22時まで

例1）午前0時に退社した場合

退社　　　　　　　　　　　始業出社時刻　　　　　　　終業退社時刻

| 0 | 1 | 2 | 3 | 4 | 5 | 6 | 7 | 8 | 9 | 10 | 11 | 12 | 13 | 14 | 15 | 16 | 17 | 18 | 19 | 20 | 21 | 22 | 23 | 24 |

　　　　　　　　　　　　　　　　　　　　　　　　←終業時間帯→

例2）午前6時に退社した場合

　　　　　　　退社　　　　　　　　　　始業出社時刻　　　終業退社時刻

| 0 | 1 | 2 | 3 | 4 | 5 | 6 | 7 | 8 | 9 | 10 | 11 | 12 | 13 | 14 | 15 | 16 | 17 | 18 | 19 | 20 | 21 | 22 | 23 | 24 |

　　　　　　　　　　　　　　　　　　　　　├終業時間帯┤

　例1では、午前0時に退社していますので、休息時間を10時間確保し

た後、10時に始業となり、19時に退社できることになります。終業時間帯内での勤務なので、翌日も所定労働時間は勤務してもらいます。

例2では、徹夜をして午前6時に退社しているので、10時間の休息後、16時に始業となり、所定労働時間勤務をすると終業時刻が午前1時となり、終業時間帯をオーバーしてしまうため、この日の終業時刻は22時となり、実質的な労働時間は5時間となりますが、所定労働時間8時間に満たない3時間については就労免除として取り扱い、勤務したものとみなします。

この終業時間帯の考え方については、時間帯を長く設けてしまうと、また深夜労働ということになりかねませんので、どんなに遅くても22時までにしておくべきで、22時で終業できれば、翌日は所定の休息時間を確保したうえで、所定始業時刻に出社することができるので、生活サイクルをもとに戻すことができます。

その他の健康管理対策

最後に、身近な職場の健康管理対策をご紹介します。それは血圧と体重です。前述の面接指導のところで問診票を提出させることについてご説明しましたが、この問診票で過重労働気味の社員や過重労働が認められる社員の直近の健康状態を把握するわけですが、その際、血圧の値や体重の傾向（太り気味か、やせ気味か）についても申告させるようにします。

体重計は多くの家庭にあると思いますので、体重の把握は容易ですが、血圧計は、体重計ほど家庭には普及していないので、企業で設置して問診票を提出させる際に測定させるのも良いでしょう。

こうした社員の日々の容姿の変化にも目配せすることが、部下への関心を高め、過重労働防止に繋がります。

第7章　改革実現までの健康管理対策

　残業時間がかさんで、過重労働の傾向になってくると、食事の時間が遅くなり、炭水化物や油物のメニューになり、食生活が乱れ、睡眠時間が不足し、血圧上昇傾向になってきます。また、体重も同様に増加傾向になります。こうして血圧が上昇し、体重が増えてくると心臓病や動脈硬化、心筋梗塞、くも膜下出血の原因となり、突然死が引き起こされやすくなります。

　こうしたことを防止するため、健全な食生活の時間と運動する時間を確保できる環境作りが重要です。先述した総務省の「社会生活基本調査」では、正社員の1日の運動時間は5分、1週間にして35分しかありません。厚生労働省が発表した、国民の健康の増進の基本方針を示した「健康日本21」では、週2回以上、1回30分以上の息が少しはずむ程度の運動の習慣化を掲げています。要するに1週間に1時間以上の運動を方針として掲げていますので、現在の正社員の運動状況からすれば、2倍の時間を確保できるようにしなければなりません。

　過重労働防止対策として、これまで説明してきたような健康管理対策を実施し、過重労働を防止し、一定の休息時間を確保することで、健全な生活サイクルを生み出し、必要な睡眠時間や健康的な食事の時間、運動の時間が生まれてきます。

参考

働き方改革に関する
公的支援制度

公的認定制度および助成金制度

 過重労働撲滅に向けた公的支援による社会構造の改善

　過重労働を防止するための施策を検討するにあたり、労働時間の傾向を多角的に分析して残業の発生要因や過重労働の兆候を見つけ出すことの必要性や手法、考え方についてご説明してきました。

　一方で、先述した厚生労働省によるアンケート結果では、残業の発生要因として最も多く挙げられたのが、「取引先からの要求に応えるため」というものでした。これによる発生要因を取り除くためには、取引先やお客様への働きかけを必要とするものもあり、自社の仕事の仕組みの見直しだけでは限界があります。しかしながら、取引先やお客様への働きかけというのは、一つ間違えるとお客様を失うことに繋がり、企業の利益にも影響してしまう恐れがあり、非常に難しい問題です。また、こうした取引先やお客様がブラック顧客やモンスタークレーマーだと、より一層問題を難しいものにします。

　こうした自社だけの取り組みでは限界がある問題については、社会が過重労働対策に取り組む企業のサービスや商品といった価値を評価し、極論を言えば、こうした過重労働対策に取り組んでいる企業のサービスや商品しか利用しない、購入しないといった社会構造の変革が必要です。社員の血の滲むような努力、過重労働によって生まれた商品や、過重労働によって支えられているサービスは利用しないという消費行動の変化が必要です。

第1節　公的認定制度および助成金制度

　私たちは働く側にも、消費者側にもなります。その中で、働く側においては過重労働を否定し、過重労働を撲滅するための施策に取り組む一方で、消費者側の立場に立つと、過剰なサービスの要求や品質を要求している側面があり、こうした矛盾する構造が過重労働撲滅へ大きな障壁となって立ちはだかります。

　このような一つの企業の取り組みだけで解決するのが難しい問題については、国をはじめとする公的支援の枠組みが強化され、企業がこうした枠組みを活用し、少しずつ社会構造を変革していく流れを作ることが重要です。

　最近では厚生労働省や経済産業省、または地方自治体において少しずつ取組みが拡大しています。こうした国の取組みの特徴として、良好な労働環境作りに取り組んでいる企業に対する認定制度があります。この認定基準の中に、過重労働防止対策への取組み状況が様々な形で盛り込まれており、先述した過重労働対策への取組みを活用することができます。残業時間の水準が以下の4つを満たすと、図表2の厚生労働省管轄の各種認定制度の基準を満たしたことになります。（※当然、認定のためには他の基準も満たさなければなりません）

図表1　認定取得に向けた残業時間の水準

フルタイムで働く社員の年間月平均残業時間（全社平均）が20時間以下
フルタイムで働く社員の平均残業時間（全社平均）が各月45時間未満
フルタイムで働く社員の年間月平均残業時間（個人平均）で60時間以上の社員が1人もいない
2ヶ月以上連続して残業時間が月80時間を超えた社員がいない

　この認定制度を利用し、国から認定を受けることで社員や求職者に対する働きやすい職場環境作りへのPRだけでなく、取引先や消費者への

235

参考　働き方改革に関する公的支援制度

PRにも繋がります。また、融資での金利や公共調達での加点などの優遇措置もあるため、認定会社の事業活動を直接的に、間接的に支援する仕組みにもなっています。

　本章では、企業が活用できる、現在行われている公的支援の主な枠組みについてご紹介します。

図表2　主な公的支援

管轄官庁	名称
厚生労働省	安全衛生優良企業認定制度
厚生労働省	ユースエール認定制度
厚生労働省	若者応援宣言事業
厚生労働省	えるぼし認定制度
厚生労働省	くるみん・プラチナくるみん認定制度
経済産業省（日本健康会議）	健康経営優良法人認定制度
経済産業省	健康経営銘柄
東京都	働き方改革宣言企業

2　安全衛生優良企業認定制度

　安全衛生優良企業とは、社員の安全や健康を確保するための対策に積極的に取り組み、安全衛生水準を高水準で維持・改善していると、厚生労働省から認定を受けた企業のことを言います。

　この認定を受けるためには、過去3年間労働安全衛生関連の重大な法違反が無いなどの基本事項に加え、健康保持増進対策、メンタルヘルス対策、過重労働対策、安全管理など、幅広い分野で積極的な取組みを行っていることが求められます。

　基準を満たした企業は、3年間の認定を受けることができ、厚生労働

省のホームページで公表され、認定マークについて名詞や商品などに使用することができます。

　認定基準は、図表3にある各項目の6割以上、総合点で8割以上を満たすことが必要です。

　認定基準を見てみると、その多くは健康管理対策やメンタルヘルス対策、過重労働対策が占めています。有給休暇の消化率が70%を下回っていたり、残業時間が2ヶ月以上連続して80時間を超えた社員がいると減点されてしまうことがわかります。

図表3　認定基準

		取組評価点	実績評価点	合計
1　安全衛生活動を推進するための取組状況		5点	—	5点 （項目別基準：設けない）
2−1　健康管理の取組状況		10点	2点	12点 （項目別基準：8点）
2−2　メンタルヘルス対策への取組状況		10点	—	10点 （項目別基準：6点）
2−3　過重労働防止対策の取組状況		10点	3点	13点 （項目別基準：8点）
2−4　受動喫煙防止対策の実施状況		—	2点	2点 （項目別基準：設けない）
3　安全でリスクの少ない職場環境の整備の取組状況（製造業等※）		10点	3点	13点 （項目別基準：8点）
合計	製造業等	45点	10点	55点（総合点基準：44点）
	製造業等以外	35点	7点	42点（総合点基準：34点）

237

参考　働き方改革に関する公的支援制度

図表4　健康管理・過重労働防止対策に関する認定基準（抜粋）

過去3年間の各年で定期健康診断の有所見率が前年より改善しているか
過去3年間のすべての年において年次有給休暇の取得率が70%以上であるか
過去3年間のすべての年において1週間当たり40時間を超えて労働させた時間（いわゆる残業時間）が2ヶ月以上連続して月80時間を超えた従業員がいない状況であるか

3　ユースエール認定（若者雇用促進法に基づく認定）制度

　ユースエール認定制度とは、300人以下の中小企業を対象に、若者の採用や育成に積極的で、若者の雇用管理の状況が優良な中小企業を認定する制度です。

　認定を受けると、認定マークが自社の名刺や商品に使用できるほか、ハローワークによる認定企業のPRや認定企業限定の就職面接会などのハローワークによる認定企業支援を受けることができます。

　また、キャリアアップ助成金や人材開発支援助成金、トライアル雇用助成金、三年以内既卒者等採用定着奨励金といった、厚生労働省で実施している若者の採用、育成支援に関する助成金に関する加算優遇措置や日本政策金融公庫において実施している「地域活性化・雇用促進資金（企業活力強化貸付）」を基準利率からマイナス0.65％での低利融資が受けられ、公共調達においても加点評価され、公共事業の受注においても有利に働きます。

　認定基準は12項目あり、基準のすべてを満たす必要があります。そのため、1項目でもその基準を満たさなければ認定されません。その中で過重労働に関するものとして、次のようなものが挙げられます。

238

第1節　公的認定制度および助成金制度

図表5　健康管理・過重労働防止対策に関する認定基準（抜粋）

直近3事業年度の正社員の新規学卒等採用者の離職率が20%以下 ただし、採用者数が3人又は4人の場合は、離職者数が1人以下
前事業年度の正社員の月平均所定外労働時間が20時間以下かつ、月平均の法定時間外労働60時間以上の正社員が1人もいないこと
前事業年度の正社員の有給休暇の年間付与日数に対する取得率が平均70%以上又は年間取得日数が平均10日以上 （有給休暇に準ずる休暇※として職業安定局長が定めるものを含み、その日数は労働者1人当たり5日が上限。） ※①企業の就業規則等に規定する、②有給である、③毎年全員に付与する、という3つの条件を全て満たす休暇を指す

　ここでは、正社員の平均残業時間が20時間以下、かつ、個人別に月平均の残業時間が60時間未満であることが求められていますので、特定の社員に仕事が集中し、平均残業時間が60時間を超えることのないよう、業務の平準化を行い、全社員の残業時間の水準を抑制する必要があります。

　このように認定基準となっている平均残業時間の水準は20時間とかなり低くなっていて、安全衛生優良企業の認定基準よりも厳しい基準と言えます。全社的に残業時間の水準が低くても、1人でも過重労働者がいた場合における、明日はわが身といった社内に与える悪影響が考慮されています。全体的に見ても、個人別に見ても、残業時間の水準が低く、偏りがない残業時間を実現するための業務の仕組みが機能している企業が認定される基準となっています。

　また、直接的な過重労働防止対策に関する基準とは言えませんが、新規学卒者をはじめとする若者の離職率に関する基準もあります。若者の離職理由には様々なものが考えられますが、厚生労働省が平成25年に実施した「若年者雇用実態調査」では、はじめて勤務した企業をやめた主な理由として、「労働時間・休日・休暇の条件がよくなかった」が22.2%、

239

「人間関係がよくなかった」が19.6％、「仕事が自分に合わない」が18.8％、「賃金の条件がよくなかった」が18.0％の順となっていて、残業や休日出勤が若者の離職に少なからず影響を与えていることが推測されます。したがって、転職希望理由も「賃金の条件がよい会社にかわりたい」が44.6％、「労働時間・休日・休暇の条件がよい会社にかわりたい」40.6％とこの2項目が突出しています。

こうしたことから、若者自身の過重労働や先述したような過重労働者が多い社風によるモチベーション低下など、過重労働が若者の離職に与える影響は小さくありません。

4 若者応援宣言事業

若者応援宣言事業とは、中小企業を対象に一定の労務管理の体制が整備されており、若者（35歳未満）の採用、育成のために求人募集を行っており、通常の求人情報よりも詳細な企業情報・採用情報を公表する中小企業を「若者応援宣言企業」とし、宣言企業は、この名称を使用し、若者の採用や育成に積極的であることをPRでき、またハローワークによる宣言企業PRやマッチングなどが受けられます。

若者応援宣言企業になるためには、10項目の宣言基準をすべて満たす必要がありますが、健康管理・過重労働防止対策に関する基準も、平均残業時間の実績や有給休暇の平均取得日数の実績の公表ぐらいで、数値的な基準は設けられておらず、ユースエール認定企業制度ほど厳しい認定基準ではない代わりに受けられるメリットは限られていますが、ユースエールや安全衛生優良企業の認定を受ける足掛かりとして取り組む価値はあります。

えるぼし認定（女性活躍推進法に基づく認定）制度（えるぼし認定制度）

　えるぼし認定とは、平成28年4月より施行されている「女性活躍推進法」に基づく制度で、この法律に基づく行動計画の届出を行い、これに関する取り組み状況が優良な企業を厚生労働省が認定するものです。この行動計画に関する取り組み状況が良好であるということは、女性にとって働きやすい、女性が活躍している職場であるということが言えます。

　認定を受けると、「えるぼし」という認定マークを受け名刺や商品に使用することができ、女性の採用力、定着化の強化に活用できます。また、ユースエール認定と同様、公共調達においても加点評価され、公共事業の受注においても活用することができます。また、認定は全部で3段階あり、満たしている基準の数によって決まります。

　認定基準は全部で5項目あり、1つから2つの基準を満たすと1段階目、3つから4つの基準を満たすと2段階目、すべて満たすと3段階目と認定されます。過重労働に関する項目として、直近事業年度の各月の平均残業時間がすべて45時間未満というのがあります。この基準もなかなか厳しい基準で1ヶ月でも基準を上回ってしまうと、3段階目での認定はされません。1段階目や2段階目においても、他の項目で基準を満たさなければなりません。

　平均残業時間が各月45時間未満ですので、繁忙期を理由に45時間を超過してしまうこともできないので、業務の平準化や多能化により、特定の社員に業務が偏らないようにすることは当然のことながら、こうした取り組みを通じて採用力を強化し、繁忙期においても人員不足に陥らないようにしておく必要があります。女性活躍推進法を根拠とした制度ですので、たとえ繁忙期であっても、女性の出産や育児への負担が増大し

ないように、そして、毎月安定して仕事と育児が両立できるような労働環境を整える意味で設けられた基準であると考えられます。

6 くるみん・プラチナくるみん認定（次世代育成支援対策推進法に基づく認定）制度

　くるみん・プラチナくるみん認定とは、「次世代育成支援対策推進法」に基づく制度です。この法律は、次代の社会を担う子どもが健やかに生まれ、育成される環境を整備するために、国、地方公共団体、企業、国民が担う責務を明らかにし、平成17年4月1日から施行されているものです。当初は平成26年度末までの時限立法でしたが、法改正により平成37年3月31日まで10年間延長されました。この法律に基づく企業の責務として、常時雇用する労働者が101人以上の企業では行動計画の届出が義務付けられています。

　女性活躍推進法のえるぼし認定制度と同様に、この行動計画に関する取り組み状況が優良な企業を子育てサポート企業として厚生労働省が認定するものです。このくるみん認定企業のうち、より高い水準の取組みを行った企業が一定の要件を満たした場合、プラチナくるみん認定を受けることができます。

　この行動計画に関する取り組み状況が良好であるということは、企業における子育て支援に関する取り組みが充実しているということが言え、当然、残業時間が多ければ、子育て支援に関する取組みに支障をきたすことは言うまでもありませんから、くるみん、プラチナくるみんの認定基準には過重労働削減に関する基準も盛り込まれています。

　認定を受けると、先述の各種認定制度と同様に、認定マークが自社の名刺や商品に使用できるほか、くるみん税制として、事業所内保育施設やこれらと同時に取得した一定の遊戯具、家具、防犯設備、授乳コーナー、女性用休憩室、更衣室、多目的トイレ、テレワーク（在宅型）用電気通

第1節　公的認定制度および助成金制度

信設備といった「次世代育成支援対策資産」について、資産区分や企業区分に応じて18%から32%の割増償却が受けられます。通常のくるみん認定では1年だけですが、プラチナくるみん認定では、12%から15%の割増償却が3年間受けられます。また、ユースエール認定制度やプラチナくるみん認定制度と同様に、公共調達においても加点評価され、公共認定基準はくるみん認定で10項目、プラチナくるみん認定で12項目あり、これらすべての基準を満たす必要があります。その中で過重労働に関するものとして、次のようなものがあげられます。

図表6　健康管理・過重労働防止対策に関する認定基準（くるみん認定・抜粋）

フルタイムの労働者等の法定時間外・法定休日労働時間の平均が各月45時間未満であること。 月平均の法定時間外労働60時間以上の労働者がいないこと。
次の①～③のいずれかの措置について、成果に関する具体的な目標を定めて実施していること。 ①　所定外労働の削減のための措置 ②　年次有給休暇の取得の促進のための措置 ③　短時間正社員制度、在宅勤務、テレワークその他働き方の見直しに資する多様な労働条件の整備のための措置

図表7　健康管理・過重労働防止対策に関する認定基準（プラチナくるみん認定・抜粋）

フルタイムの労働者等の法定時間外・法定休日労働時間の平均が各月45時間未満であること。 月平均の法定時間外労働60時間以上の労働者がいないこと。
次の①～③のすべての措置を実施しており、かつ、①または②のうち、少なくともいずれか一方について、定量的な目標を定めて実施し、その目標を達成したこと。 ①　所定外労働の削減のための措置 ②　年次有給休暇の取得の促進のための措置 ③　短時間正社員制度、在宅勤務、テレワークその他働き方の見直しに資する多様な労働条件の整備のための措置

先述した各種認定制度との基準と類似していて、各月の平均残業時間と各社員の平均残業時間が基準となっています。えるぼし認定制度と同様に仕事と育児の両立という観点から各月の平均残業時間が基準として用いられ、これに加えて、各社員の平均残業時間60時間未満が加えられています。平均残業時間60時間以上の社員を発生させてはなりませんので、えるぼし認定制度よりもさらに業務の平準化や多能化による過重労働対策を強く推し進めていかないと認定基準を満たすことができません。さらには、残業時間削減や有休消化促進などの過重労働を削減するための施策への取組みが求められています。

　プラチナくるみんの認定基準に至っては、くるみんの認定基準に加えて、過重労働削減のための施策についての取組みだけではなく、1施策以上の目標達成が求められています。

7　健康経営優良法人認定制度

　先述の取組みは厚生労働省の取組みでしたが、経済産業省や地方自治体でもこうした取組みが行われています。その中の一つに健康経営優良法人認定制度があります。これは日本健康会議にて運営されている制度で、特に優良な健康経営を実践している大企業や中小企業等を表彰するものです。

　この制度は「日本再興戦略2016」で盛り込まれている、保険者機能の強化等による健康経営等の更なる取組強化の一環として行われているもので、そこでは、「日本健康会議において、健康経営に取り組む企業を2020年までに500社とする。中小企業向けには、健康経営優良法人認定制度を本年秋を目途に開始する」と言及しています。これに基づき、経済産業省が制度設計を行い、日本健康会議において運営が開始されたものです。

244

これによる税制や融資などの優遇措置はありませんが、後述する「健康経営銘柄」の選定にあたっては、健康経営優良法人であることが必須項目となっていますので、上場企業の資本政策においては経済的メリットが創出される見込みがあります。現在、中小企業にとっての経済的なメリットは直接的にはありませんが、当然、経済産業省や日本健康会議などをはじめとして様々な媒体を通じて情報発信されていますので、社員、求職者、関係企業や金融機関などから社会的評価を受けることになります。情報発信力は高いので、ホワイト企業としての企業イメージを醸成するには効果は高いと考えられます。

認定にあたっては、認定基準が大企業と中小企業で異なり、大企業には中小企業よりも必須項目が多くなっています。社員の健康対策の仕組みの構築と実行が中心となります。項目の中には過重労働対策への取り組みや、社員の健康管理に関する重大な法令違反についても盛り込まれていますが、すべての項目について取り組まなくても良いので、過重労働対策を必ず実行しないと認定基準を満たさないというわけではありませんが、社員の健康管理に関する重大な法令違反は必須ですので、これに関する違反があれば認定されないことを考えれば、必然的に過重労働対策は当然に取り組まなければなりません。

健康経営銘柄

健康経営銘柄とは、株式市場において企業が取り組む健康経営の価値が適切に評価されるようになることを目的として、経済産業省が東京証券取引所の上場会社の中から「健康経営」に優れた企業を選定するものです。

選定にあたっては、経済産業省が行う「健康経営度調査」の回答をもとにスコアリングを行い、健康経営度が高く、かつ、先述の健康経営優

良法人の認定基準を満たしている上位20％の企業を候補化し、最後に財務指標に関するスクリーニングを行い選定されます。企業としては健康経営銘柄に選定されることを目指して取り組むには相対評価も加わるため、難しい点もあります。

しかしながら、社会に対する影響力の強い上場企業の多くがこうした健康経営への取り組みを強化することは、グループ企業や取引先企業、中小企業に対しても影響力が発揮されることになります。これにより、中小企業も過重労働防止対策に取り組みやすくなり、本節の冒頭で説明した、自社だけの力では解決することが難しい、「取引先の要求による残業」を構造的に解決しやすくなることも見込まれ、過重労働防止に向けた取り組みが社会全体を巻き込んで行われるようになる、社会構造の変革に貢献する一つの契機になるものであると期待されます。

助成金制度

こうした過重労働の防止に向けた企業の取組みに対して、これらの取組みに要する費用を助成する助成金制度も厚生労働省や地方自治体にて行われています。

厚生労働省の助成金制度のうち、過重労働防止に関する主なものとして、「両立支援等助成金」「職場意識改善助成金」「業務改善助成金」といった、育児介護との両立支援に関するものや、年次有給休暇の取得促進、時短促進に関するものが主なものとなります。

また、このような助成金制度は地方自治体においても取組みが始まっています。東京都では、「TOKYO働き方改革宣言企業」制度を創設し、社員の長時間労働の削減や年次有給休暇の取得促進のために、2年から3年後に向けた目標を設定し、働き方改革宣言を行い、これに向けた取組みを行う企業に対して、最大で100万円の助成金を支給する取組みを

第1節　公的認定制度および助成金制度

行っています。

　助成金制度は、国や各地方自治体において毎年予算を組んで実施され
ているため、利用したかった助成金の廃止や変更により利用できなくな
ることもありますので、自社の取り組みにあった助成金を有効活用でき
るように、日頃から適宜情報収集を行うことが重要です。

【編者】

TOMA 社会保険労務士法人

中小企業に総合コンサルティングを行う TOMA コンサルタンツグループ（1982年設立）の人事労務分野を担当する法人として2012年に設立。『労務相談・紛争解決支援』『就業規則作成・見直し』『人事評価制度構築』『給与計算・社会保険手続きアウトソーシング』など、コンサルティングからアウトソーシングまで、700社以上のクライアントの「人にかかわる分野」を総合的にサポートしている。

〒100-0005

東京都千代田区丸の内1-8-3　丸の内トラストタワー本館3階

TEL：03-6266-2551／FAX：03-6266-2556

http：//toma.co.jp/silc/

【執筆者】

麻生　武信（特定社会保険労務士）

須貝　耕二（特定社会保険労務士）

渡邉　哲史（特定社会保険労務士）

出蔵　洋明（人事コンサルタント）

大野　美和子（特定社会保険労務士）

樋口　麻央（社会保険労務士）

【監修】

八木　直樹

（特定社会保険労務士、元労働基準監督署長）

【校正協力者】

坂本　彩

室井　佐和子

花岡　由華

大内　秀雄

落合　美穂

田中　真由子

佐藤　千歳

嶋崎　寛之

宝方　敬祐

新堀　麻理絵

中島　陽平

鐘ヶ江　里佳

武田　真純

瀬川　麻里

会社の"本気"を後押しする 過重労働防止の実務対応

2017年12月25日　発行

編　者　TOMA社会保険労務士法人 ⓒ

発行者　小泉　定裕

発行所　株式会社 清文社
　　　　東京都千代田区内神田1−6−6（MIFビル）
　　　　〒101-0047　電話 03（6273）7946　FAX 03（3518）0299
　　　　大阪市北区天神橋2丁目北2−6（大和南森町ビル）
　　　　〒530-0041　電話 06（6135）4050　FAX 06（6135）4059
　　　　URL http://www.skattsei.co.jp/

印刷：亜細亜印刷㈱

■著作権法により無断複写複製は禁止されています。落丁本・乱丁本はお取り替えします。
■本書の内容に関するお問い合わせは編集部までFAX（03-3518-8864）でお願いします。
■本書の追録情報等は、当社のホームページ（http://www.skattsei.co.jp/）をご覧ください。

ISBN978-4-433-65887-8